傅申中国书画鉴定论著全编

元代皇室书画收藏史略

傅申 著

上海书画出版社

丛书总序

多年前非常荣幸承上海书画出版社社长王立翔先生之邀，谈及将本人历年来有关书画研究的著述文字重新整理出版，但我个人由于种种原因一直有所搁置。后来在弟子田洪等人的协助下，终于拟定选目，比较积极地推进。

我自1955年始入大学美术系，学习传统书画篆刻，成绩当可。但从1965年因特殊机缘进入台北故宫博物院工作之后，因工作关系将兴趣转向书画史和书画鉴定，无暇继续绘画及篆刻的创作。

由于个人先从事创作，再作研究，与前辈学者如启功、谢稚柳、徐邦达、王季迁诸先生经历相同，故研究领域、方法、兴趣等较为接近，但是时代的巨轮不停地转动，我个人虽逢上科技的进步，但利用稍迟。当时从影印机的使用，暗房照片的冲洗，幻灯片又改为扫描及PPT的制作，还要学生帮助操作，网络搜寻等均未尽其用，所以相关讯息及资料都有一定的限制。但是自照相印刷的便利，改变了二十世纪以前完全靠文字资料的不足，美术史及鉴定工作开始有了翻天覆地的改变与进展。

由于工具的进步，一定限制了本人自二十世纪六十年代起所做的种种研究，有时甚至还因此而产生错误的判断！所以本丛书的编排，特别注重论文的时序，并且呼唤读者，不论引用本人、近人或古人论点的时候，一定要注意，并注出此文此论发表时地。因为同一作者在过了几年之后，对同一作品或观点会有所改变，不能因此一错而痛加针贬或批判，以突显自己的看法。

由于少数文章在分类时同属两类，不免有重复的情形，为了读者方便并编辑之完整，还是采重复印出的方法，谨此告知读者。

丛书文字不少，在校对及其他方面一定有不如读者之意。请不吝致于本人，以求释及同业之改过。谢谢！

傅申 谨序

2017年9月16日于西子湖畔

原版序

我国古人对艺术，尤其是对书画艺术的自觉，发生甚早。而其表见，在于书画论独立之早，及书画收藏和著录的历史悠久。关于后者，如果我们翻阅唐张彦远所著《历代名画记》一书中“叙画之兴废”一节，就可以深深地感觉到。

兹将有关历代内府书画收藏渊源及风气者，节录于此：

自汉武帝（公元前140—87年）置秘阁聚图书以来，历魏晋、宋、齐、梁、陈，人君皆有好尚。至桓玄（369—404）性贪好奇，天下法书名画必使归己。梁元帝（508—554）雅有才艺，自善丹青，古之珍奇充牣内府。陈天嘉中（560—566），陈主肆意搜求。隋炀帝于东京观文殿后，起二台：东曰妙楷台，藏自古法书；西曰宝迹台，收自古名画（541—604）。唐太宗（598—649）特所耽玩，更于人间购求，世传萧翼赚兰亭，即其时故事。降至宋代，太宗（939—997）雅好翰墨，遣使购募古先帝王名臣墨帖。至宋徽宗（1101—1125年在位）、宋高宗（1107—1187）、金章宗（1168—1208）等均以收藏著名后代。

因为是有意识的收藏，于是就产生了著录。据记载，南齐高帝（427—482）将其所藏，挑选精品，以优劣为差，自陆探微至范惟贤四十二人，为四十二等，二十七秩，至宋代尚有此南齐画目存世。至于现存元代以前之书画藏品著录亦略举如下：

褚遂良《右军书目》

裴孝源《贞观公私画史》

徐　浩《古迹记》

张怀瓘《二王等书录》

张彦远《右军书记》

宋徽宗《宣和画谱》《宣和书谱》

杨王休《宋中兴馆阁储藏图画记》

在如此深厚的历史背景之下，即使是草原民族的蒙古，一旦取得了中原的政权，也立刻受到了感染，在短短不到百年的元代，居然也在书画收藏史上传承了此一固有传统，表现得有声有色，使我深深地感受到了我国文化的伟大。

由于本人受了时间和精力的限制，不但没有从古代做有系统的研究，而且就元代本身，资料的搜集也未能完备，得希望有志者一同，将各时代的内府以及私家的收藏史逐渐补充起来。这不但是美术史上的重要论题，也是文化史上的重要一环，所以很希望治文化史的学者也能参加此一工作，这都是本人不揣谫陋，将此书抛出的最大期望。至于本书称“元代皇室”而不用“元内府”，那是因为第一章以皇姊大长公主为经，而皇姊之收藏，虽部分源于内府，但已属于其个人，不属于内府，故用“皇室”较为相宜。

本书内容先在《故宫季刊》第十三卷第一期至第四期分期刊出，今汇为单行本付梓，以便检阅！季刊及丛刊编辑朱仁星及胡赛兰小姊亦一并在此致谢。

1980年10月于华府佛（弗）利尔美术馆

时家父脑血管阻塞，昏迷已达七阅月

傅申

目 录

第一章 女藏家皇姊大长公主

一、前言

历代书画作品的收藏，以中国幅员之辽阔，民间收藏的总数是极为可观的；但一般地说，内府的收藏在质量上都要远超过大多数的民间个人藏家，其中宋徽宗、清高宗的两大收藏，均有著录传世，金章宗以及明初内府的收藏，也已初步地从收藏印上重建了当时一部分的藏品。[1]

元代以异族入据中原，但到元代中期，居然也产生了两大著名的宗室收藏家：皇姊大长公主和元文宗，其中大长公主（约1283—1331）更是中国书画史上最重要的女收藏家之一。他们藏品的一部分也可以从印章上来重建，本章内容就是在这一动机上发展出来的。[2]因为要探究这位公主对中国书画的兴趣之渊源，又在史料中探究元宗室对汉文化感染的情形，使我们了解这两位宗室藏家产生的背景；同时也对元内府书画收藏史，从元初作了简单的巡视，使我们不再孤立地看这两大收藏，所以此一研究，也反映了蒙元汉化过程中的一环，可以略供治元代文化史的学者参考。

【1】宋徽宗藏品见《宣和画谱》《宣和书谱》，清高宗藏品见《石渠宝笈》。金章宗藏品研究见外山军治《金朝史研究》附录五《章宗之书画收藏》。明初收藏可据“司印”半印重建一部分，见庄申《中国画史研究》续集第一编。

当元军以其所向无敌的武力征服中远之初，在统治阶级与中国的传统士大夫之间，其教育程度，或是语言以及文化背景上都有着极大的鸿沟。一直到元末陶宗仪著《辍耕录》（1366年序）的时代，没有接受汉文化教育的官吏还很普遍。他说：

> 今蒙古色目人之为官者，多不能执笔画押，例以象牙或木，刻而为之。宰辅及近侍官至一品者，得旨则用玉图书押字，非特赐不敢用。[3]

今日在书画上也偶然有花押印的例子，而在集古印谱中则更常见。在篆刻史上，元人花押印就成了该时代的特征之一。蒙古崛起于北方，在元太祖之前是没有文字的，“太祖以来，但借用畏吾字，以通文檄。世祖始用西僧八思巴，造蒙古字，然于汉文，则未习也。”[4]不论是借畏吾字也好，用新创的八思巴文字也好，其用途在开始时只限于传达政令和记载当时史实而已。

想要统治中国，需要了解中国历代帝王为君之道，以及儒家为政的理想，还是要直接从中国的经史中学习。在初期，乃有经过汉蒙语言训练的高级幕僚从中翻译。由于汉文化的渊源，一经接触，益增其景仰之情，于是在礼待儒臣之余，皇室的汉文教育，从元初起就有急剧上升的趋势。而皇太子及宗室、王公大臣的子弟们，在学士经筵官们的循循诱导之下，有意识地、积极地向他们灌输儒家思想。同时，从童蒙认字开始，就要执毛笔习书，这就是他们对书画艺术接触的开始，不但渐渐培养了他们个人临池的兴趣，也种下了他们对古今书家和作品的尊敬之情。他们习字的日课，常在宫中保存；等到皇太子即位以后，往往不废临池，兴之所至，时有即兴挥毫赏赐近臣，或亲自书敕的例子。他们的书迹不但为当时世家珍重收藏，在元代后半期的士大夫诗文集中，题赞“御书”的文字也愈来愈多。

在这样的客观环境之下，虽然元代中断了两宋的画院和书画学制度，而使院体画风几乎有戛然而止的现象，但在整体上，并未对书画艺术加以任何压制；相反地，由于多方面的因素，文人画却得到了全面发展的机会，使中国绘画史从此改变了发展方向。

至于元代皇室的书画收藏方面，虽然上比宋徽宗、宋高宗，下比清高宗（乾隆），都没有他们的积极，也没有他们的丰富；但是设身处地，以一个非汉族的政府而言，也不能算贫乏了。尤其是仁宗时代的优礼赵孟頫，文宗时代的奎章阁，特别是皇姊大长公主祥哥剌吉，为中国历史上罕与伦比的公主收藏家，在短短不到一个世纪的统治期间内，居然较之其他各代，并不远逊，实在是中国文化史上的奇迹，是汉文化和中国书画的深远感染力的实证。

【2】笔者于1966年及1967年，撰写《巨然存世画迹之比较研究》及江参研究时，因画迹上有“天历之宝”“宣文阁宝”以及柯九思的鉴定款，即开始搜集有关元代内府收藏及收藏印的资料。1972年因研究黄庭坚的《松风阁诗卷》，开始留意皇姊大长公主的收藏。1975年夏，蓝德彰博士在普林斯顿大学举办元史研讨会，孙克宽老师亦远自加拿大来会。在他们二位的督促下，要我报告元代的奎章阁，乃将历年所得零星资料加以整理补充，遂成此文初稿。同年秋，笔者转耶鲁大学美术史系任教，与姜一涵兄于图书馆谈及亦正研究奎章阁。因鉴于年来一涵兄沉酣书府，今又全力以赴，遂决志藏拙。孰料当年在普大会议简报中，遂不时有同道中人询及拙稿，余每以藏拙对。然友人云：世上并无两人同时之研究采取完全相同之角度或资料，对于同一题目之研究，只虞其少，正不厌其多耳。因其言之有理，但鉴于原稿之简陋，乃转移重点，对元代皇室书画的收藏及其渊源作一简史，以作他人或姜兄作专题巨著时他山之助。本文的撰写过程中，先拜读了近代学者宗典的柯九思史料，台北故宫博物院蒋复璁的《南薰殿图像考》，后又读到德国学者H.弗兰克（H. Franke）的《蒙古统治者能读写汉文吗？》（*Could The Mongol Emperors Read and Write Chinese?*）及吉川幸次郎的元代诸帝之文学，羽田博士的《元朝对汉文明之态度》和神田喜一郎的《元文宗之风流》各文，对于他们引用的丰富资料，以及先得我心之处，由衷地表示敬意。

【3】《辍耕录》卷二，页44，刻名印条。

【4】赵翼《廿二史札记》卷三〇，页431。

二、元初内府收藏渊源

元初诸帝，起于朔漠，未遑文事。至太宗八年（1236）始用耶律楚材之言，立经籍所于山西平阳，编集经史。[5]由此可见，在两年前灭金之时（1234），并未有计划地接受金朝内府的经籍书画，即使后来蒙元内府所藏书画有不少是金章宗内府旧藏，仍有一些是后来陆续转收而来的。

（一）元世祖接收南宋内府藏品

元代内府藏品的基础是由元世祖【图1】奠定的，而藏品的主要来源则是南宋内府的旧藏。元世祖将太宗时设立的经籍所在至元四年（1267）徙置京师，改名宏文院。到至元九年（1272）十一月，太保刘秉忠、大司农孛罗奉圣旨设立秘书监，掌历代图籍并阴阳禁书。明年二月，前户部尚书焦友直改授秘书监，史杠兼秘书监。[6]

至元十二年（1275）九月二十九日，在皇城的暖殿里，秘书监焦友直与赵侍郎等一同上奏说："临安秘书监内，有乾坤宝典，并阴阳一切禁书，及本监应收经籍图书书画等物，不教失落……又奏江南诸郡，多有经史书籍文板，都教收拾见数，不教失散！"[7]这时正当伯颜大举南下，气势如虹，元廷君臣之间，已有必胜之心，所以才有此一奏。

不但是元廷有备而去，而且宋主又不战而降，所以杭州内府的收藏未经兵火，当1276年二月伯颜入临安之后，即封府库，收史馆礼寺图书，及百官符印。[8]这时焦友直为两浙宣慰使，奉命"括宋秘书省禁书图籍"，而改派枢密副使张易兼知秘书监事。同年十月，"两浙宣抚使焦友直以临安经籍图书、阴阳秘书来上。"[9]而这些"一切经史子集、禁书典故、文字及书画、纸笔墨砚等物"都交给秘书监收掌。[10]

这些史料，与王恽在《玉堂嘉话》里的私人记载也相符合："圣天子御极十有八年，当至元丙子（1276）春正月江左平；冬十二月，图书礼器并送京师。"由于张易在同年三月已为知秘书监事，所以王恽也说："敕平章太原张公（易）兼领监事，仍以故左丞相忠武史公子杠为之贰。"[11]也就是说，史杠的官职是秘书少监。

大概一则是在立国之初，规制尚不严密，一则也是为了庆祝南宋国都的克服，炫示其光辉的武功，所以"诏许京朝士假观"，由于王

【5】钱大昕《元史·艺文志》卷一、页1。
【6】《秘书志》卷一，页1。（广仓学窘丛书本）
【7】《秘书志》卷五，页10。
【8】《宋史·本纪》卷四七，页106。（开明书店本）
【9】《元史·世祖本纪》卷九，页24、25。（开明书店本）
【10】《秘书志》卷五，页11。
【11】王恽《书画目录·序》。（《秋涧先生大全文集》卷九四至九五。）

图1　元　刘贯道《元世祖出猎图》（局部）　台北故宫博物院藏
元世祖虽以武功著称，然信儒术，用南人。1276年平南宋诏两浙宣抚使焦友直以临安经济图书北运大都，为元内府收藏之基础。

恽刚“调官都下，日饱食无事”，又与监事张易（字仲一）是旧识，“遂与左山商台符叩阁披阅者竟日”。据他的纪录，所见作品的统计是：法书一百四十七幅，名画八十一幅，一共是二百廿八幅。他在一日之内，不但看了这么多作品，而且还留下了目录；有的法书，且照录了原文。我们不难想象他这一天“如入宝山”的心情，以及目不暇给、手不停挥的光景。此一目录，不但是研究元初内府收藏的重要记录，也是研究南宋内府收藏，以及元初内府收藏乃是建立在宋（以及金）朝藏品此一事实的重要史料。只可惜他才看了一天，否则给我们留下由杭州北运书画的总目录，则其贡献更大。因为在次年（1277）的二月，根据内府裱褙匠焦庆安的计算，需要重裱的画轴“计一千单九轴”[12]，则王恽所记，自是当时总收藏的小部分。

王恽所见虽非全貌，但元世祖从杭州所得书画，似乎也不是当时南宋内府所藏的全部，因为据周密《云烟过眼录》所载，在元初诸私家收藏的法书名画中，有许多原为高宗内府所藏，大概在元兵占领杭州之前的南宋末年，许多藏品已经陆续散出了。

在王恽所见的法书中，多的是晋唐和两宋名迹，其中有怀素《自叙帖》，孙过庭《书谱》等。[13]宋代四大书家之一黄庭坚，见于该目中者有多种，其中《为甥张大同书》擘窠大字一卷【图2】，王恽录其全文。此卷墨迹曾经张大千收藏，后归美国普林斯顿一私人藏家，今寄存于普林斯顿大学美术馆中。是卷每纸接缝处，皆有宋高宗“内府书印”骑缝印，卷末有“绍兴”连珠印，正是南宋内府的藏品。此外又有山谷的《草书廉颇传》，此卷可能就是今藏于纽约大都会艺术博物馆的《廉颇蔺相如传》，该卷亦有“内府书印”，至宋末则有贾似道印，亦与史实相符。

至于在名画目中，至今能确知尚存于世的，则有台北故宫博物院收藏的宋代帝王后妃像：“宋诸帝御容，自宣祖至度宗凡十二帝，内怀懿皇后李氏，用紫色粉，自眉以下，作两方叶涂其面颊。直鼻梁，上下露真色一线，若紫沙幂者。”【图3】其所描述，与上述藏品相合。这一批画像，不但是宋代后妃的真像，是宋代帝王后妃服饰的重要视觉证据，也是宋代画院写真名手的人像代表作品。对于这些作品的流传经过，台北故宫博物院蒋复璁曾有专文讨论[14]，兹不复赘。至于王恽所见元初得自杭州的书画总目录，读者可以自己检阅《秋涧先生大全集》第十五卷的《玉堂嘉话》，或《艺术丛编》中的王恽《书

【12】《秘书志》卷六，页2。
【13】今台北故宫博物院藏怀素《自叙帖》并无元人印章跋语，或即因入藏于内府之故。周密在《云烟过眼录》亦载一本，见于焦敏中家，或为另一本。
【14】蒋复璁《台北故宫博物院藏清南薰殿图像存佚考》，载《故宫季刊》八卷四期，页1至16。

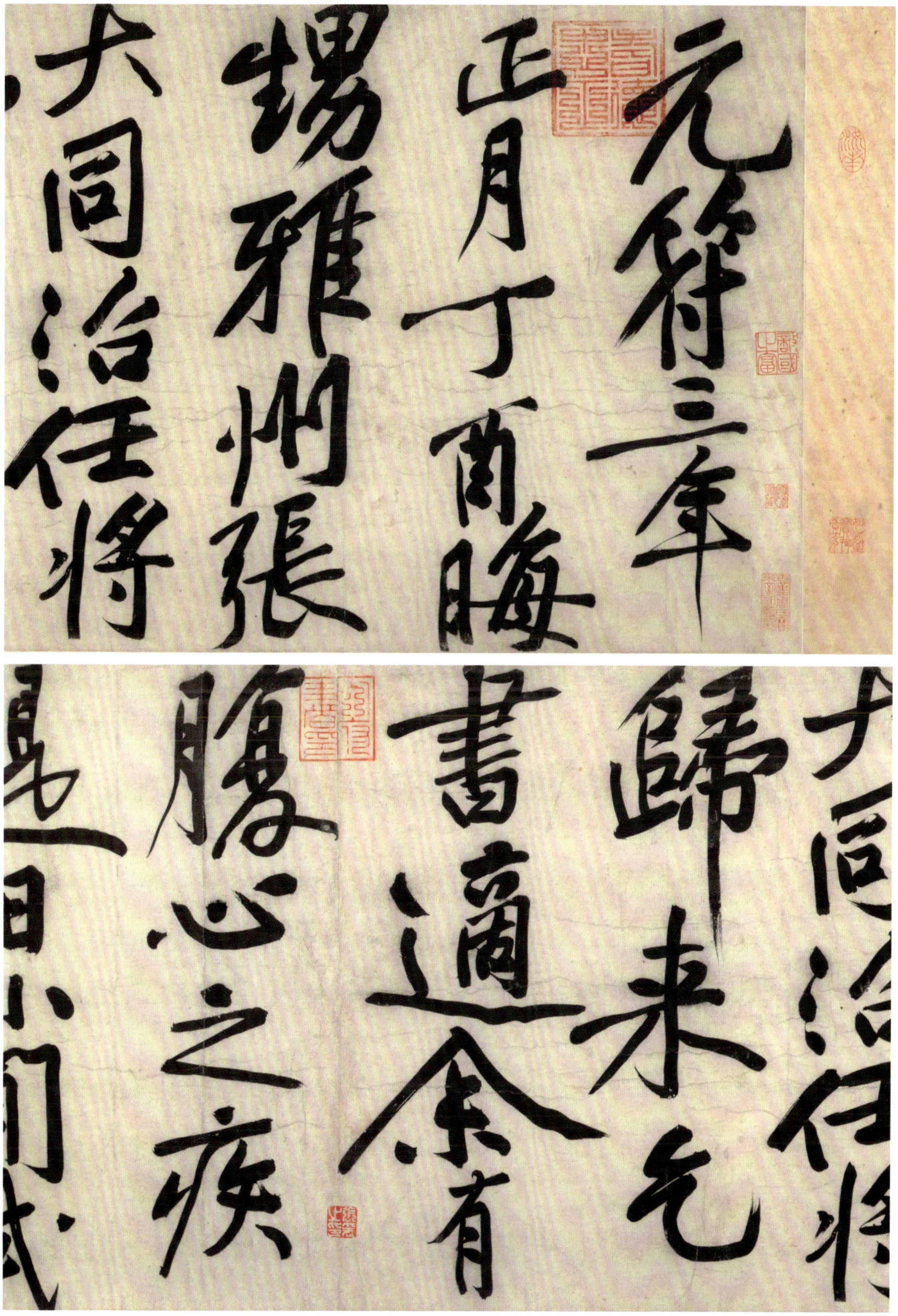

图2　宋　黄庭坚《为甥张大同书》（局部）　美国普林斯顿大学美术馆藏
为元世祖得自南宋内府书画中少数现存作品之一，王恽于1276年见于大都秘书监内。

画目录》，以及本书第四章“秘书监书画收藏概述”一节。

当时内府所藏，当然不止于杭州北运的一批，在大都的库房内也存有不少。当秘书监的收藏因南宋之降而大事扩充整顿之际，有圣旨“教于大都万亿库内，分拣到秘书监合收经籍图画等物，可用站车一十辆搬运赴监收贮。”[15]这时南北所得图画，合于秘书监一处，想见其时的内府收藏，也已彬彬可观了。

元世祖本人虽未习汉文，但是深知汉文之重要。所以命他的皇太子真金学习汉文。《元史·康里巎巎传》中即有以下的记载：

> 世祖以儒足以致治，命裕宗学于赞善王恂，今秘书所藏裕宗仿书。当时御笔，于学生之下，亲署御名习书谨呈，其敬慎若此。[16]

这位皇太子成年之后，在宫中也积极推行汉文教育，这在以下一则故事中见出：

> 中庶子伯必，以其子阿八赤入见，谕令入学，伯必即令其子入蒙古学，逾年又见太子，问读何书，其子以蒙古书对，太子曰：“我命汝学汉人文字耳。”[17]

可惜他未即位就去世了，否则元帝室的艺文之盛，可能要提早二十年。

此外，世祖的重视汉文化，及其启用南人之举，对于元文化之发展有极大的影响，此为众所皆知的大事。此举的关键人物是程钜夫，世祖赏识其才，屡加升迁，致使台臣进言：“钜夫南人且年少。”帝大怒曰：“汝未用南人，何以知南人不可用？自今省部台院，必参用南人！”这原就是程钜夫的建议，世祖并将他“遣使江南，搜访遗逸”的建议也付诸行动，并且也从此改变了书诏必用蒙古字的惯例，这“搜访遗逸”诏，“帝特命以汉字书之”。[18]这次一举擢用了南人二十余人，其中的赵孟頫就是元代书画史上最负盛名的一人。实际上，赵氏在书画上的成就，与元世祖、程钜夫的“搜访遗逸”诏有直接的因果关系，设使子昂终身局处吴兴，未能得见南北以及内府收藏，或甚至于将部分铭心绝品收为己有，得以朝夕观摩；又于任职迁徙期中，扩大了交游闻见，以博其心胸，则其书画上的成就及其对后世的影响，都将改观，是可断言的。

程氏本人，也是世家子弟，虞集对他平易正大的古文风格甚为推崇。[19]他也能书，在传世题跋墨迹中，今藏台北故宫博物院的传周文

【15】《秘书志》卷五，页11。
【16】《元史》卷一四三，页343。
【17】《元史》卷一一五，页290。
【18】《元史》卷一七二《列传》五九，页404。
【19】孙克宽《元代汉文化之活动》，页373，《程钜夫与其〈雪楼集〉》。

矩《苏李别意卷》后有其一跋，以其遗迹不多，故录于本书图版。[20]

（二）元仁宗等

仁宗皇帝（1311—1320）在位，较之元初诸帝，最能“亲儒重道”，当他在大德十一年（1307）六月被立为皇太子后，即“遣使四方，旁求经籍，识以玉刻印章，命近侍掌之。时有进《大学衍义》者，命詹事王约等节而译之。帝曰：‘治天下，此一书足矣。’因命与图像《孝经》《列女传》并刊行，赐臣下”[21]。

仁宗的敬礼文士，可以从赵孟頫的生平中略窥一斑。当仁宗皇帝在东宫为太子时，“收用文武才士。素知公贤，遣使者召，庚戌十月拜集贤侍读学士知制诰”。待他即位后，即一再升迁，对子昂是“圣眷甚隆，字而不名。尝诏侍臣曰：文学之士，世所难得，如唐李太白、宋苏子瞻……今朕有赵子昂”；又尝论子昂曰“文词高古，书画绝伦”，对子昂的艺术成就颇为重视。在延祐三年（1316）四月有圣旨云：“赵子昂每写来的千字文手卷一十七卷，教秘书监里裱褙了，好生收拾者。”[22]又知道其夫人管氏能书能文，故仁宗“尝取其书，合公及子雍书，善装为卷轴，识之御宝，藏之秘书监，曰：使为奇世知我朝有一家夫妇父子皆善书，亦事后也”[23]。有这样的知遇之恩，无怪子昂是被他羁縻定了。

仁宗皇帝也极重视教育，“命中书平章李孟领国子监学，谕之曰：学校，人材所自出，卿等宜数诣国学，课试诸生，勉其德业”[24]。最重要的是，他又重行科举考试“会试京师，中选者亲试于廷”。他对侍臣说：“朕所愿者，安百姓以图至治，然匪用儒士，何以致此？设科取士，庶几得真儒之用，而治道可兴也。”[25]

仁宗也爱好图画，当他在至大四年（1311）三月登基之前，就先后有王振鹏、赵孟頫为他作过画。王振鹏在至大庚戌（1310）春节时，曾作《龙池竞渡图》【图4】进呈，其题诗中有句云：“储皇简淡无嗜欲，艺圃书林悦心目。”[26]足见仁宗的性情和修养。

至大三年（1310）九月，因河间诸路献嘉禾，“有异亩同颖，及一茎数穗者，命集贤士赵孟頫绘图，藏之秘书”[27]。

两宋画院制度，随南宋之亡而绝；但宫殿装饰画工还是设有专门机构的。在将作院下设有“书局”，“秩从八品，掌描造诸色样制，至元十五年置大使一员”[28]。但是仁宗曾诏士大夫画家李衎在殿壁画

【20】《故宫书画录》卷四，页14。
【21】《仁宗本纪》卷二四，页63。
【22】《秘书志》卷五，页6。
【23】杨载《赵公行状》，附《松雪斋文集》页122至128。
【24】《仁宗本纪》卷二四，页63。
【25】《仁宗本纪》卷二四，页66。
【26】《故宫书画录》卷四，页122。
【27】《仁宗本纪》卷二四，页63。
【28】《元史·职官志三八》，页11。

图3 《宋真宗后像》 台北故宫博物院藏
伯颜入杭州，两浙宣慰使焦友直奉世祖命括宋秘书省禁书图籍，宋代帝后像即为其中之一。

竹，虞集曾有诗纪其事：

> 延祐甲寅（1314），息斋奉诏写嘉熙殿壁："嘉熙殿里春日长，集贤奉诏写苍筤，迩来二十有五载，飘零残墨到江乡。"[29]

只不知他画的是墨竹还是双钩竹。总之，在宫殿里画竹，其格调自与一般装饰画大异其趣。

仁宗的喜好文艺，还可以由现存的墨迹来证实。在台北故宫博物院收藏的法书名迹中，王羲之的《快雪时晴帖》，即曾收藏于仁宗内府。在延祐五年（1318）四月廿一日，当时的"翰林学士承旨荣禄大夫知制诰兼修国史臣赵孟頫"曾经"奉敕恭跋"云：

【29】《道园学古录》卷二八，页249。（《四部丛刊初编》缩本）

东晋至今近千年，书迹传流至今者，绝不可得。《快雪时晴帖》，晋王羲之书，历代宝藏者也，刻本有之，今乃得见真迹，臣不胜欣幸之至！[30]

此跋为小楷五行半，略带行笔。【图5】结体蟠扁。当他面对传世的羲之名迹，又是奉敕而书，因此写来甚是恭谨。四年之后他就去世了，所以这是晚年的小楷例，较之他早年的秀美绝伦，自有一种人书俱老的气度。当时，他是否在翰林院中题跋，或是准许他带回私邸就不得而知，但可以肯定他应当有时间对此名迹细加品味和临仿。因为他的同僚护都沓儿的跋，是在子昂跋后的第三天，可见这些奉敕题跋，并不是要在当时立就的，各人似有数日期限。而照子昂一般的习惯，一定曾经临仿，因为在他传世书迹中即有《快雪时晴》四大字，书赠元季四大画家之首的黄子久。[31]

紧接着赵跋的是另一位"翰林学士承旨臣刘庚"，也是"奉圣旨谨跋"。【图6】赵跋中未明说该帖的收藏处所，在刘跋中则说明是"秘阁所藏"，其跋文如下：

王逸少书不可多得，于好事家盖见之一二焉。此秘阁所藏《快雪时晴帖》墨本，乃真迹也，尤为奇特。[32]

刘庚字熙载，有文名，"久典文翰，当时大制作多出其手，以耆年宿德为朝廷所推重"[33]。此跋虽无纪年，当与子昂同时，也就是他七十一岁时的书迹，虽非书家，但笔力老苍而典重，亦不可多得。第三跋是一位赐进士及第的蒙古人，位至"翰林待制承直郎兼国史院编修官臣护都沓儿"，也是子昂的同僚，在他的"奉敕恭跋"之中，除了指出"快雪帖"的可珍之外，又道出了仁宗皇帝的"博古尚文"，这正是我们今天讨论的，录其跋文如后：

……《快雪时晴帖》，历年虽远，神物护持，不至磨灭，传之今日，甚可珍藏也。又使四海之内学儒诸生，知万几之暇，不事游畋，不宝珠玉，博古尚文，致精如此！[34]

时间是在子昂跋后第三天，小楷七行，以书法而论，程度不高，但在当时大部分蒙古官员不会执笔作花押的情形下，其书法、文辞，也都属于佼佼者了。元代帝王，出内府书画，请儒臣题跋，这是较早的例子之一。五年之后，皇姊大长公主也大出其所藏，请文士题跋，姊弟两人真是同其好尚了。而王羲之该帖，虽不见于王恽书画目录中，但本身纸尾有"绍兴"连珠印，知道也原属南宋内府收藏。至于卷首的

【30】《故宫法书》第一辑，《晋王羲之墨迹》页3。
【31】《式古堂书考》卷一六，亦见《清河书画舫》。
【32】《故宫法书》第一辑，页4。
【33】《元史》卷一七四，页6。
【34】《故宫法书》第一辑，页5。

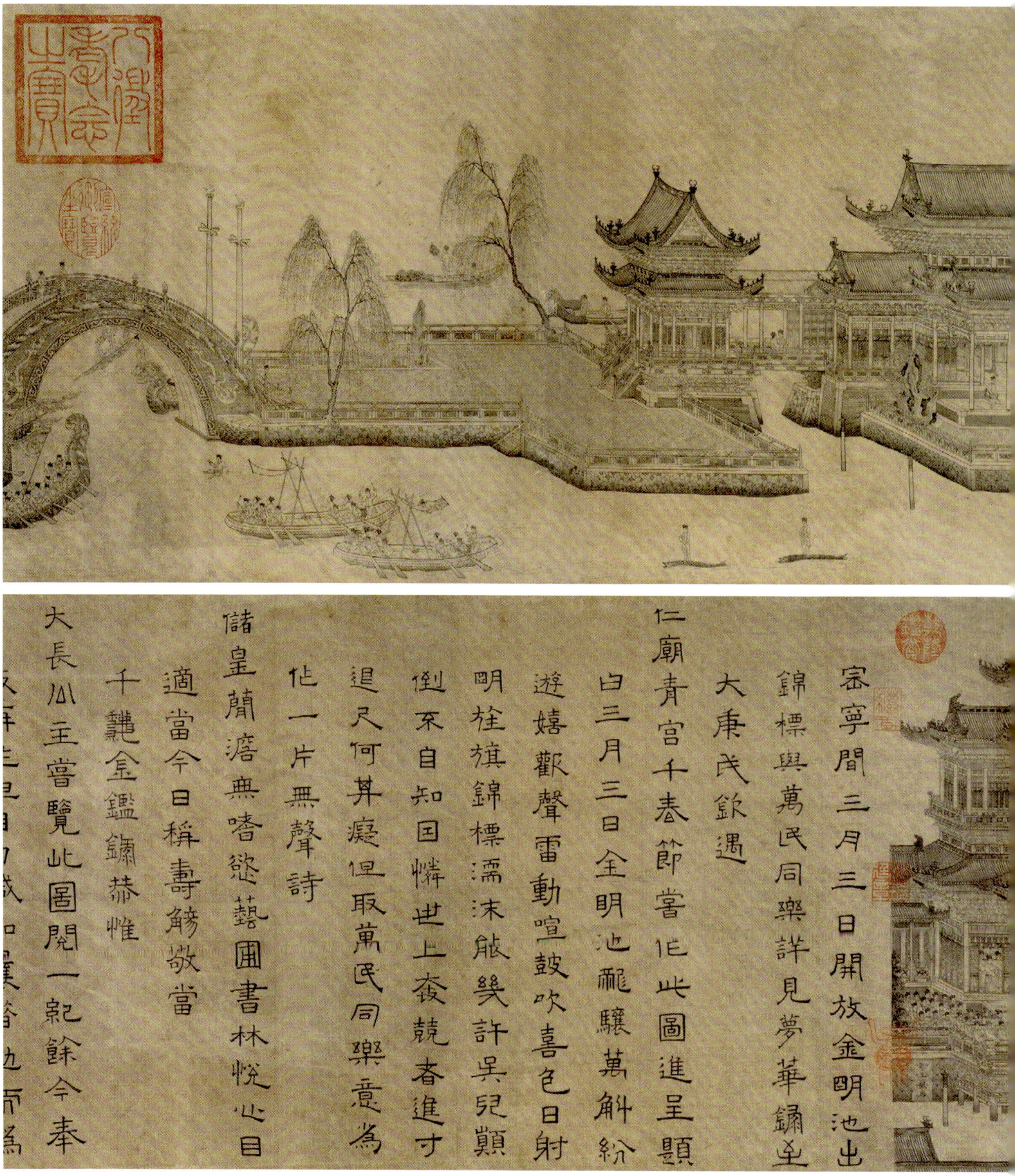

图4　元　王振鹏《龙池竞渡图》（临本）　台北故宫博物院藏

1310年仁宗为皇太子时，王氏曾作此图进呈。1323年，皇姊大长公主命其再作。此图传世临本甚多，此为其一。

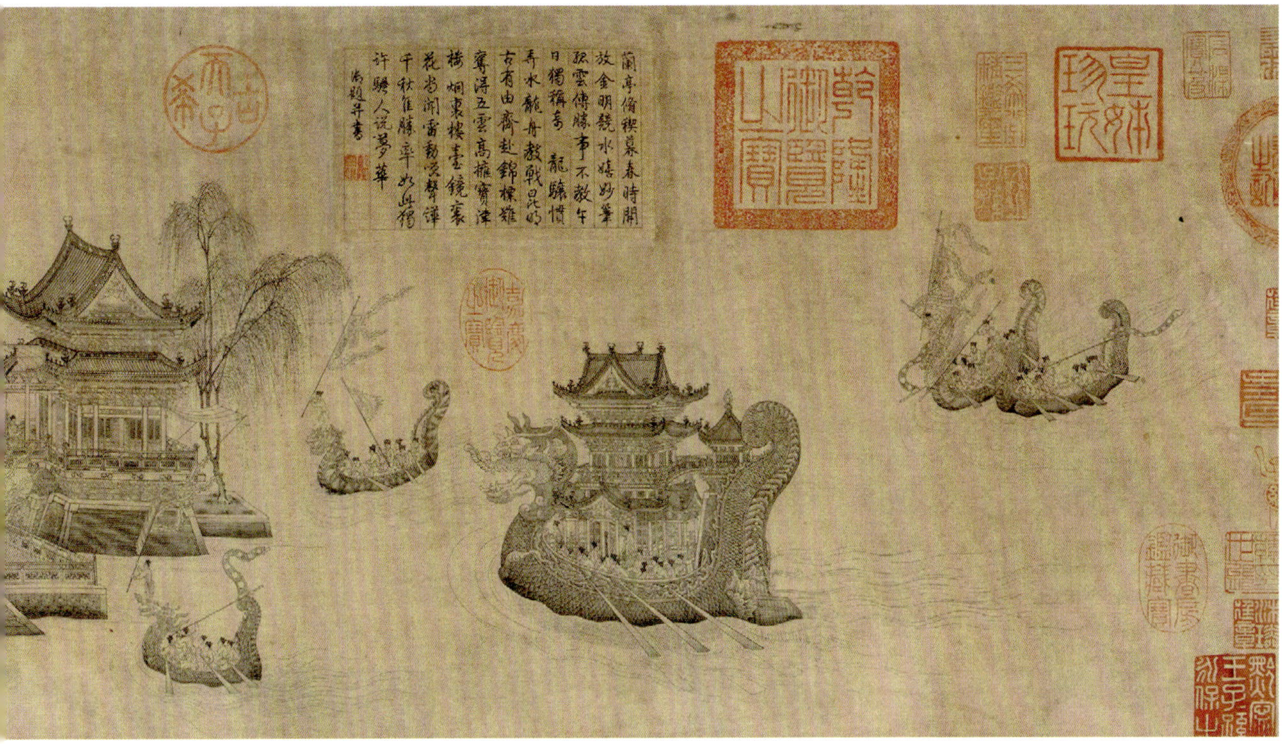
蘭亭脩禊慕春時開
放金明鎖水嬉妙筆
孤雲傳勝事不教午
日獨稱奇　龍驤慣
弄水龍舟教戰昆明
古有由齊赴錦標難
奪得五雲高擁寶津
樓東樓畫鏡裹
許騎人說夢華
海粟題并書

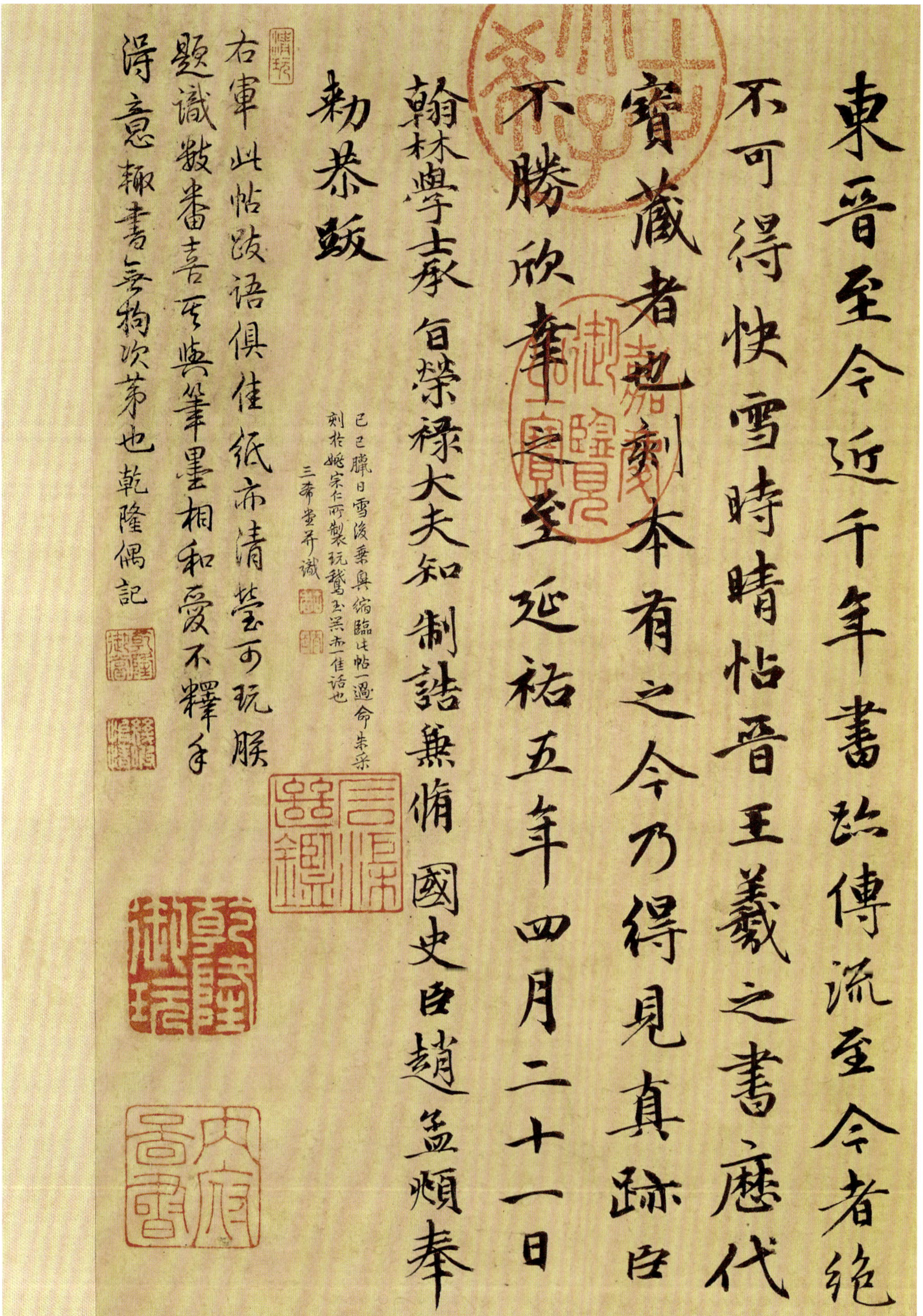

图5　赵孟頫跋《快雪时晴帖》　台北故宫博物院藏

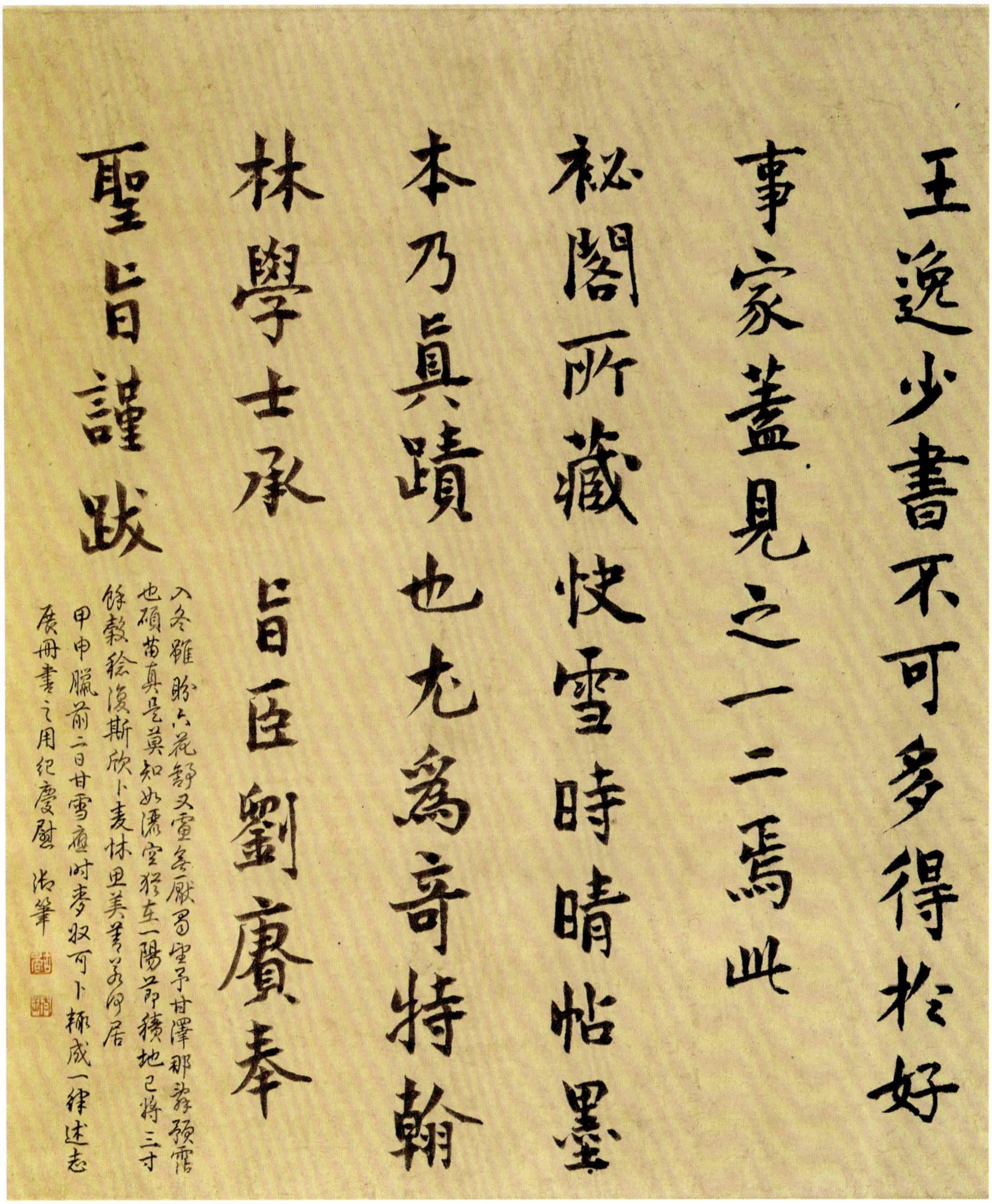
王逸少書不可多得於好事家蓋見之一二焉此秘閣所藏快雪時晴帖墨本乃眞蹟也尤爲奇特翰林學士承旨臣劉賡奉聖旨謹跋

图6 刘赓跋《快雪时晴帖》 台北故宫博物院藏

“明昌御览”，是一方伪金章宗的收藏印，连南宋末贾似道的“秋壑珍玩”也不真，故此帖还是以得自南宋内府的可能性较大。

仁宗皇帝不但爱好古人名迹，自己也雅兴十足，时常以宸翰宠赐群臣，如李孟是最受他敬重的儒臣之一，曾“图其像，敕词臣为之赞，及御书‘秋谷’二字，识以玺而赐之”[35]。邓文原也有“奉题延祐宸翰”一诗，其序云：“钦惟仁宗，上承祖武……尤尊礼儒臣……在选者六人……亲洒宸翰，昭示龙光。”[36]袁桷也曾作过《仁庙御书除官赞》。[37]

此一风气，到英宗（1320—1323年在位）时还持续着，如袁桷有《英庙御书开经偈赞》[38]，许有壬有《恭题至治御书》中云：“上览之大悦，取朱笔书皮日休诗。”[39]于此亦可见英宗的汉文教育已具相当水准。

他在书法上，也有相当的成就，在陶宗仪所撰的《书史会要》一书中，所列元代帝王书家，以英宗为第一位，并评他的书法“皆雄健纵逸，而刚毅英武之气，发于笔端”。[40]

英宗之后的晋宗（1323—1328年在位）时代，有“学士吴澄、集贤学士邓文原以《帝范》《资治通鉴》《大学衍义》《贞观政要》等书进讲”于太子及诸王大臣。[41]邓文原是元初三大书家之一，与赵子昂、鲜于枢并称。在致和元年（1328）春正月“甲戌，享太庙，命绘《蚕麦图》”，但不知是谁所绘。[42]

从元初至此，诸帝的汉文教育程度、对书画艺术的兴趣，以及擢用有书画成就的文士等等，在程度上虽有参差，但大体上是愈来愈有深度。但到目前为止，在元代皇室之中，对于传统中国绘画艺术的兴趣最浓的，似乎不是男性的帝王，而是女性的公主——鲁国大长公主祥哥剌吉！

三、皇姊大长公主——祥哥剌吉

在中国书画收藏史上，这位公主——祥哥剌吉（约生于1283年，卒于1331年）是有特殊地位的。她可以说是最重要的私人女收藏家。她一生经历过数种不平凡的身份，她有自己的收藏印，而且还结交文士，请他们在她的藏品上加以题跋。这些有她收藏印，以及当时文士为她题跋过的作品，流传到现代，成为一宗很重要的古代绘画遗产。

【35】《元史》卷一七五《列传六二》，页412。
【36】《元诗选》二集。
【37】《清容集》卷一七。（《四部丛刊初编》缩本）
【38】《清容集》卷一七，页271。
【39】《至正集》卷七三。
【40】《书史会要》卷七，页1。
【41】《元史》卷二九《真宗本纪》，页75。
【42】同前注，页79。

（一）皇姊家世

虽然书画收藏家或鉴赏家对她的存在是不陌生的，但是由于资料的缺乏，以及在元代被封为“鲁国大长公主”的有多位[43]，所以在过去，她的名字和身份，常有与其他的公主相混淆的地方，最常见的是，把她当作元世祖的公主。[44]她的本名是“祥哥剌吉”，实是顺宗的女儿。[45]为了使我们了解为什么这位公主对绘画的收藏有如此的兴趣，首先要来看看她有怎么样的一位父亲。

顺宗，实际上没有即位，《元史》中有他的短传。[46]他是裕宗的第二子，“至元初，生于燕邸”，故知其生年约在1265年前后。而裕宗则是世祖的嫡子，在前一节中已经说过他极注重汉文化教育，可惜享寿四十有三，也未即位。从这一世系来看，这位公主应当是元世祖的直系曾孙女。

她的父亲顺宗，与她的祖父裕宗之间的关系，极为亲近。《元史》中说：“凡乘舆巡幸，及岁时朝贺，未尝不侍裕宗以行。”[47]因此，我们不难想见，她父亲的汉文教育，一定从小得到她祖父的特别照顾。

她一共有三个兄弟，最长的是异母兄阿木哥，后封魏王。另两位都是她的同母兄弟：海山，是她的哥哥，也是后来的武宗（1307—1310）；爱育黎拔力八达，是她的弟弟，后来即位为仁宗（1311—1320）。她的丈夫琱阿不剌，是万户斡罗陈的长子。[48]

当她的哥哥海山在大德十一年（1307）即位为武宗之后，即“封皇妹祥哥剌吉为鲁国大长公主，驸马琱阿不剌为鲁王”，并赐金印。[49]而武宗生于至元十八年（1281）七月，因此她的生年最早当是至元十九年（1282）。

次年（至大元年，1308年）四月，“诏以永平路盐课赐祥哥剌吉”[50]，这一点在《元史类编》中有更详细的记载：“以永平路为公主分地，食其租，更欲赐其路盐课，中书省执不可，乃止。”[51]可见武宗对皇妹是很照顾的。

至大三年（1310），她的丈夫琱阿不剌不幸去世，这时公主才廿八岁左右，但她从此没有再嫁（见后）。他的哥哥武宗，即位四年就去世了，接着她的胞弟即位，是为仁宗。他生于至元二十二年（1285）三月，由此推算，公主的生年当在武宗生年1281年和仁宗生年1285年之间的数年中，如取其中数，她当生于1283年前后的三年之

【43】见《元史》卷一〇九《诸公主表》，至少有五六位被封为鲁国公主。
【44】《故宫书画录》卷七，页4。
【45】《元史类编》卷二九《公主》，页21-22。
【46】《元史》卷一一五，页291。
【47】《元史》卷一一五。
【48】《元史类编》卷二九，页21。
【49】《元史》卷二二《武宗本纪》，页五七。又见《元史类编》卷二九，页21。
【50】《武宗本纪》卷二二，页59。
【51】《元史类编》卷二九，页21。

中，最早不会超过1282年，最晚也不会晚于1284年。当她在1307年被封为大长公主，其夫被封为鲁王时，已经二十四五岁。如她在十八岁结婚，那么婚后十年，丈夫即去世了。

她的弟弟仁宗，在前节已略有介绍，他在至大四年（1311）曾命元初第一大画家赵孟頫画过《嘉禾图》，又在延祐元年（1314）诏画竹大家李衎画过嘉熙殿壁；又极重视国子监的教育，并开始设科取士。这种种，显然是他们的祖父裕宗重视汉文教育，收到了良好的效果。仁宗又尝出内府藏品请赵孟頫等题跋，更是日后皇姊大宴儒臣，出其所藏请他们题跋的滥觞。这位皇姊，生在这样的时期、这样的家庭，她之喜好绘画收藏，也就不是偶然的了。她的弟弟对她经济上的照顾也是始终不断：

至大四年（1311）五月，赐大长公主祥哥剌吉钞一万锭。[52]

同年七月，进号为“皇姊大长公主”。

同年八月，赐皇姊大长公主钞万锭。

同年九月，奉太后旨，以永平路岁入，除经费外，悉赐鲁国大长公主。[53]

延祐六年（1319）七月，大长公主曾作佛事，“释全宁府重囚二十七人”[54]。她的信佛，得自家传，她的母亲在至大二年（1309）也曾幸五台山做佛事。（《元史·后妃传》）

以上大宗钱财的赏赐，似乎也都有她母亲在背后的支持。以她如此的地位，有那样的祖父与父亲、哥哥和弟弟，加上母亲的支持，又是身际元文化走向顶峰的阶段，周围有大画家大文士，她是这一大环境下的产物。不论是因父祖兄弟的关系从宫廷内府收藏中得来，抑或是她自费收集，总之她是有一个相当可观的个人收藏的。

（二）皇姊雅集

在至治三年（1323），她召集了一次以女性为主的历史性的雅集，时间是三月甲寅。显然有意选这暮春时节，地点是南城的天庆寺。酒阑，出图画若干卷，命儒士们各随其能，题识于后。集会的时间，近于修禊日，所以在她命题的书画中，也有一件定武《兰亭》。集会的情形，都记载在袁桷的《鲁国大长公主图画记》一文中，由于这是此一集会的重要文献，文字亦可诵，故录其文之前段如后：

【52】《元史》卷二四《仁宗本纪》，页64。
【53】同前注。
【54】《元史》卷二六，页69。

> 至治三年三月甲寅，鲁国大长公主集中书议事执政官、翰林集贤成均之在位者，悉会于南城之天庆寺，命秘书监丞李某为之主，其王府之寮寀悉以佐执事。笾豆静嘉，尊斝洁清，酒不强饮，簪佩杂错，水陆毕凑，各执礼尽欢，以承饮赐，而莫敢自恣。酒阑，出图画若干卷，命随其所能，俾识于后。礼成，复命能文词者，叙其岁月，以昭示来世。[55]

当时实际参与这一雅集的人数，据袁清容的描述“簪佩杂错，水陆毕凑”来看，是相当可观的，今天我们只能从传世的题跋来重建。这些留有题跋的文人学士，是否都曾亲自到场，不得而知，但绝大多数应当是参与的。在所知的二十余人中，都是当时的佼佼之士，其功业事迹有列《元史》者，有不列者，此处不拟考论，除录其当时官爵外，仅略述其书法：

袁　桷——翰林直学士，小行楷，工谨有法。

魏必复——集贤侍讲学士中奉大夫致仕，书法不甚佳，盖未尝措意于书学也。

李　泂——监修国史长史，行草书，甚有修养，书风略似鲜于枢【图7】。《元史》列传谓其“尤善书，自篆隶草真皆精诣，为世所珍爱”[56]，确非虚誉；

张　珪——中书平章政事，其书远佳于魏必复，有颜法，然不是能书家。

王　约——集贤大学士，其书不称其功业上的成就。

冯子振　前集贤待制，跌宕自喜，有风格，然下笔轻，是聪明字。【图7】

陈　颢——前集贤大学士，全不措意于书法，且嫌草率。

陈庭实——儒学提举，喜用隶书体，工谨而已。

孛术鲁翀——中书右司员外郎，结体开阔，有风度，有书学。

李源道——翰林侍读学士，书法不佳，亦不措意。

邓文原——集贤直学士，与子昂、伯机并称元初三大家而少弱。

柳　赞——国子博士，用笔尖秀劲挺，有意书法，而未大成。

赵　岩——向不署官职，书学子昂，有功力而千篇一律。

杜　禧——翰林国史院编修官，笔画劲挺，有个性，有功力，而未大成。[57]

以上各家，皆见题黄庭坚《松风阁诗》，今存台北故宫博物院。【图8】

【55】《清容居士集》卷四五，页10至11。文中述及秘书监丞李某，查《秘书志》卷九，当是李师鲁。

【56】《元史》卷一八三《列传七〇》，页426。

【57】《故宫法书》第十辑下，《宋黄庭坚墨迹》。

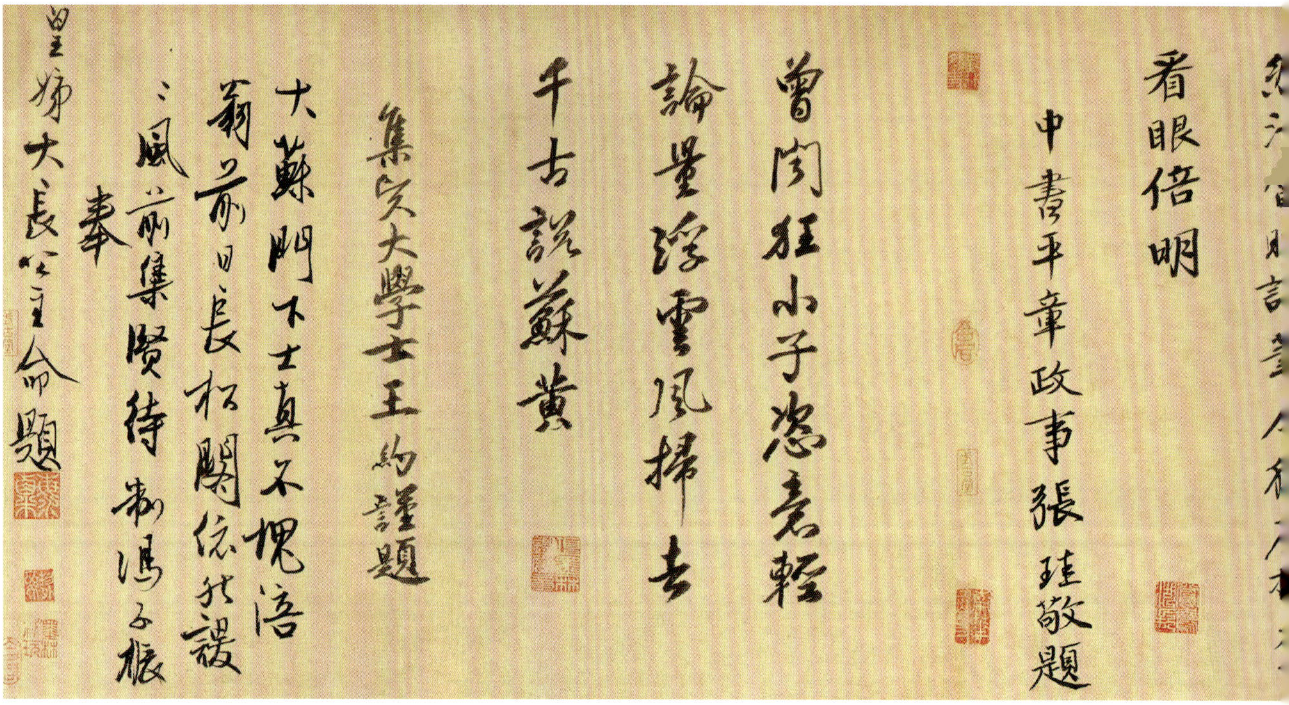

图7　宋　黄庭坚《松风阁诗》　冯子振、李泂等题跋　台北故宫博物院藏
1323年皇姊雅集，出书画四十卷命儒臣题识，此为保存当时题识最多之一卷。

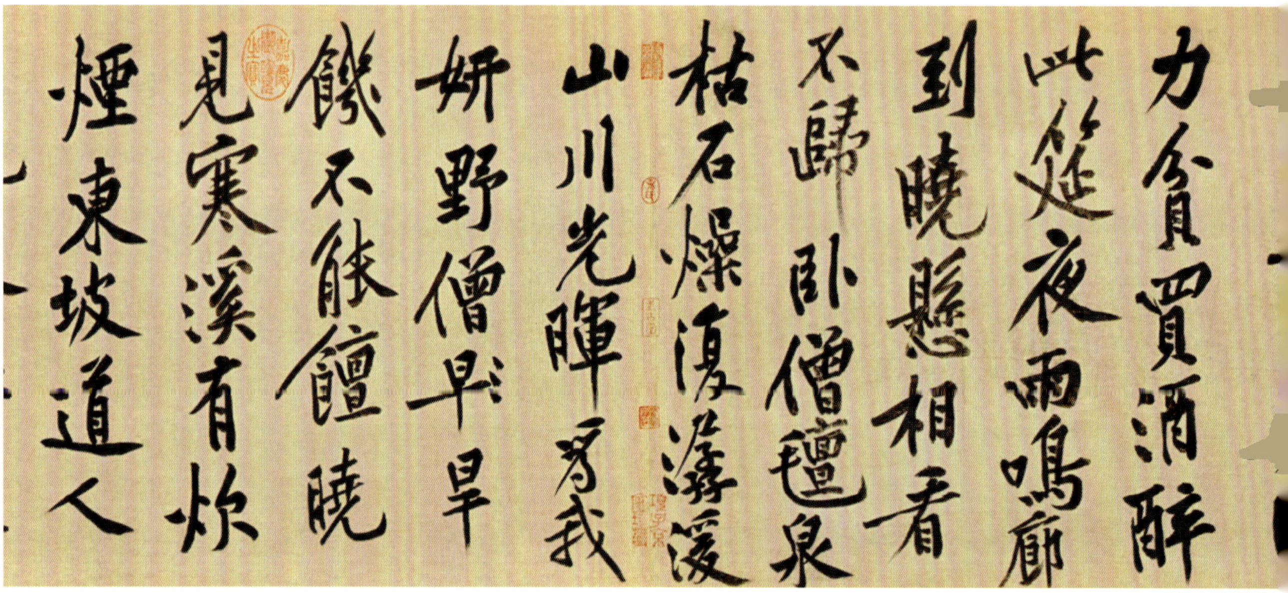

图8　宋　黄庭坚《松风阁诗》（局部）　台北故宫博物院藏
右上角有“皇姊图书”印，1323年天庆寺雅集，皇姊出此卷等四十件命儒臣题识。

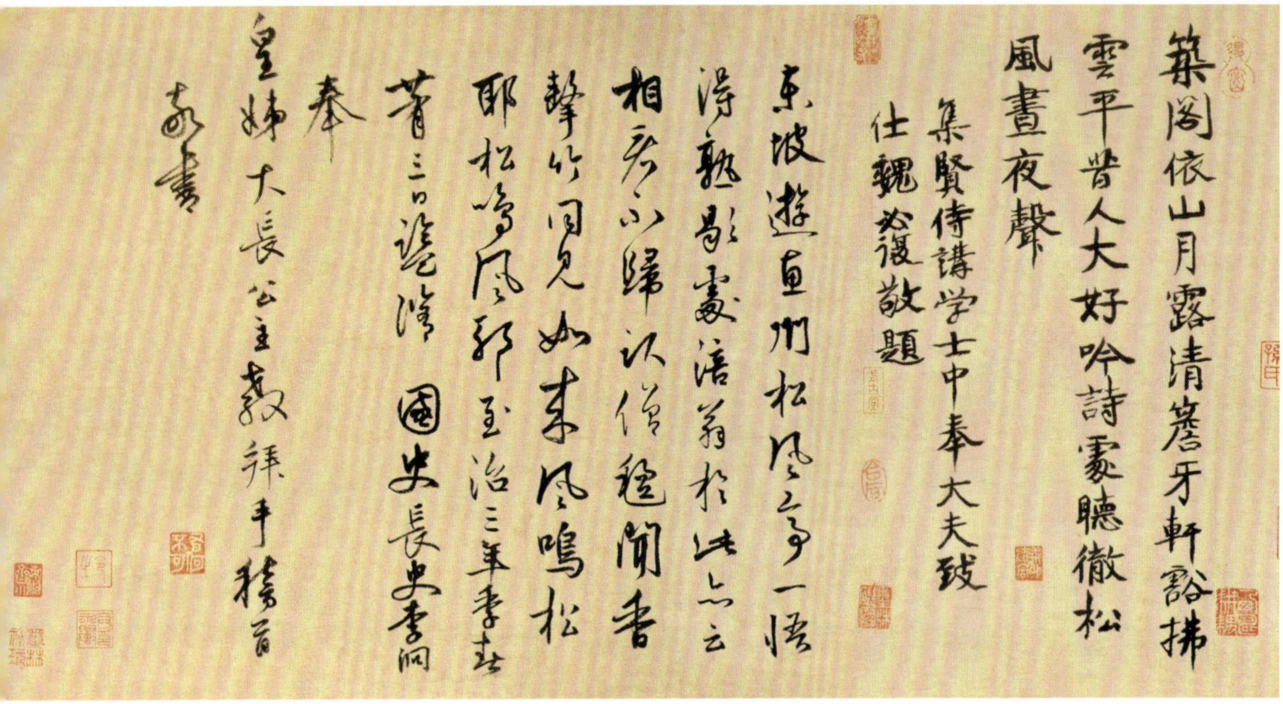
築閣依山月露清
簷牙軒豁拂
雲平昔人大好吟詩處聽徹松
風晝夜聲
集賢侍講學士中奉大夫致
仕魏必復敬題

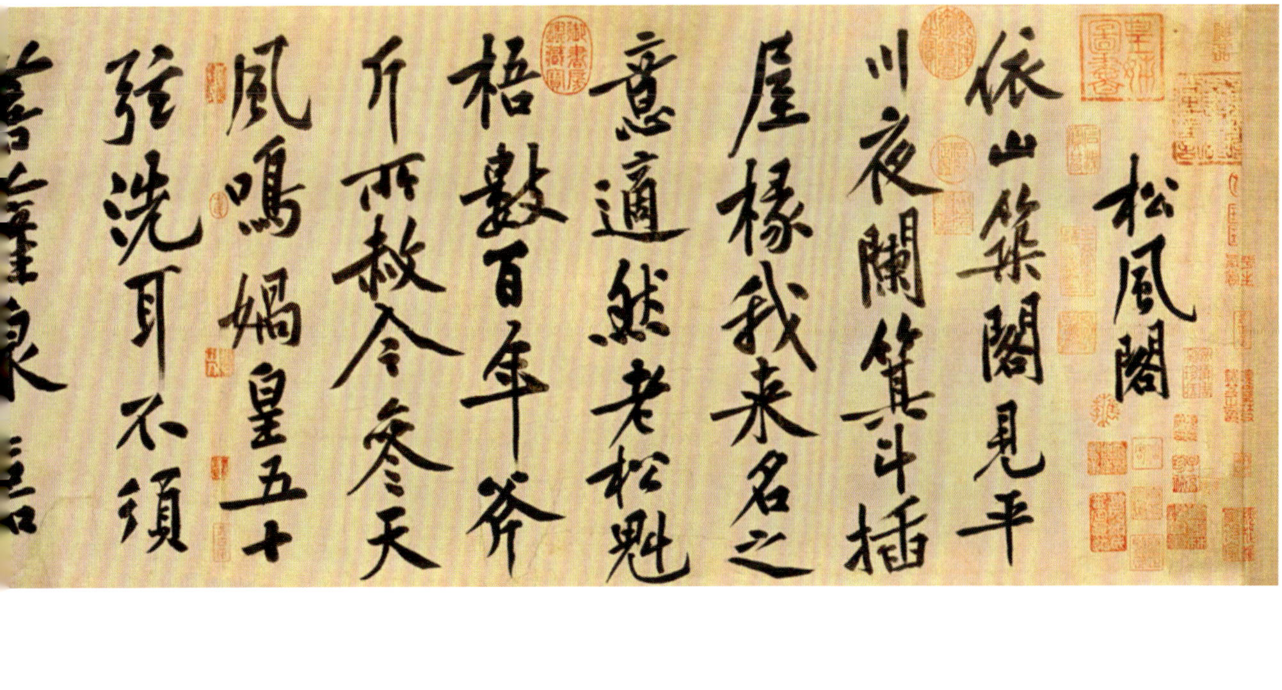
松風閣
依山築閣見平
川夜闌箕斗插
屋椽我來名之
意適然老松魁
梧數百年斧
斤所赦今參天
風鳴媧皇五十
弦洗耳不須

此外尚有：

赵世延——集贤大学士。

王　毅——御史中丞。

曹元用——翰林直学士。

以上三人皆见于周曾《秋塘图卷》（即袁桷《图画记》中周曾《水塘秋禽》[58]），该卷题者十三人。

除以上各家外，尚有：

元永贞——中书礼部员外郎。

柳　贯——国子博士。

以上二人见于钱选《硕鼠图》后[59]（或即袁桷《图画记》中《禾鼠图》）。又：

吴全节——玄教大宗师。

此见于王振鹏《金明池图》卷。[60]

王　观——前通事舍人。

此见于王振鹏《渍墨角牴图》。[61]

（三）皇姊藏品

（1）著录皇姊藏品

皇姊大长公主的藏品，最现成的资料是袁桷奉大长公主教所题各书画的诗跋目，今见于他的《清容居士集》[62]，这与上引的《鲁国大长公主图画记》同样重要，因为许多原迹未能流传到今日，如果不是这一资料，即费了大事，也不一定能搜齐。此诗目共有书画四十件，兹分类录于下，以见其藏品的概略：

甲、法书

1、定武兰亭

2、唐摹钟繇贺捷表

3、黄太史松风阁诗（今存台北故宫博物院）

4、徽宗扇面

5、徽宗琼兰殿记

黄庭坚的《松风阁诗》，为今日保存于台北故宫博物院的名迹，卷后尚有奉公主之命的元人题共十四则，其中袁桷的题诗墨迹与《清容居士集》中所载一致，为此一雅集少数仅存的实物证据之一。

【58】《式古堂书画汇考·画考前》，卷一三，页29。

【59】同前书卷一七，页168。

【60】同前卷一九，页195。又见《故宫书画录》卷四，页121，《石渠宝笈续编》页1570。

【61】《式古堂画考》卷一八，页197。

【62】案大长公主之被封为皇姑在天历二年（1329），在雅集之后六年，当时仍是英宗的“皇姊”。当袁桷泰定元年（1324）写序时，皇帝为晋宗，与公主同辈，不得称为“皇姑”，今《清容居士集》卷四五题跋下有总题曰《皇姑鲁国大长公主图书奉教题》，显然是后人刊印时所误题。

乙、宗教画

1、天王供佛图

2、出山佛像

3、隆茂宗罗汉

4、周昉金星

5、梵隆护法神

6、罗汉图

丙、山水画

1、江贯道烟雨图

2、惠崇小景

3、萧照江山图

4、巨然山永

5、燕文贵山水

丁、人马走兽、龙鱼杂画

1、牧羊图

2、九马图

3、王振鹏狸奴

4、徐白秋塘戏鱼

5、王生鬼戏图

6、传古龙

7、何尊师醉猫

8、钱舜举禾鼠

9、时苗留犊图

10、苏李河梁图

11、海狗窠石图

12、王振鹏锦标图（今存同稿者至少七本）[63]【图4】

13、海潮图

戊、花鸟、墨竹

1、吴元瑜四时折枝

2、周增水塘秋禽图

3、折枝

4、黄居宝湖石水禽图

5、马贲秋塘水禽图

【63】此图或题为《龙池竞渡图》，同稿者在台北故宫博物院有四本，东京程琦一本，美国纽约大都会艺术博物馆一本，底特律博物馆一本。

6、孤鹤图

7、徽宗㶉鶒图卷（《石渠宝笈初编》552页）

8、徽宗核桃图

9、徽宗梅雀图

10、赵昌折枝

11、顺宗墨竹

以上作品，种类甚多，分配也平均，其中以花鸟较多。由于信佛，宗教画也不少。如以时代而论，以宋代最多，五代以前亦有数件，时代不明的也不少。至于元人的有：钱选一件，王振鹏两件。王振鹏与大长公主为同时人，今日传世作品中最为人熟知的是《龙池竞渡图卷》[64]【图4】，就是奉大长公主之命所作（此图就是袁桷《题画诗》中的《锦标图》），这不但说明她一部分藏品的来源，也说明大长公主本人对书画确是个人的喜好，并不全是承继先人收藏而来。她此一兴趣的养成，在前面已经分析过与元代帝室的汉化有直接关系。在她的藏品中，有顺宗的《墨竹》一幅，似乎更能说明此点。顺宗是她的父亲、裕宗的儿子。我们说过有不少元代的帝王有临池的训练，也有赏赐宸翰的雅兴，但记录上，习画而又有作品流传的，却不多见。当然，我们也无法得知顺宗《墨竹》的造诣，但从袁桷的题诗来看，“浓淡娟娟凉月，低昂浅浅春云。胸次何须千亩，笔端咫尺平分”[65]，似乎也浓淡楚楚，不能太没有程度，否则作为鉴藏家的女儿，也不好意思将父亲的作品杂陈在古今名迹中，来请文人学士题赏吧？她的父亲既然习画，做女儿的也沾染一点兴趣是很自然的事，谁能说她不会拈弄过笔墨呢?

前面也提到过仁宗延祐五年，赵孟頫曾奉敕题跋过《快雪时晴帖》。仁宗是大长公主的弟弟，他的“博古尚文”，与公主的“观文以鉴古”，自然也属于“一家眷属”。这一点，我们也可以用王振鹏的《龙池竞渡图》来说明。先是，在至大庚戌（1310），仁宗尚是皇太子时就优游于“艺圃书林”，王振鹏即是与他亲近的画家之一。在太子生日时，王氏进呈了这一卷画，当时的大长公主自然也见到了此画。过了十多年，在至治癸亥（1323）的暮春，当“皇姊”举行盛大雅集的时候，也请王振鹏照样再画了一卷。就是说，这第二卷《龙池竞渡》的产生，是通过了她弟弟仁宗皇帝的关系而产生的。今传世各本上仍有“皇姊珍玩”和“皇姊图书”二印【图9】。虽然多是伪本，

【64】《清容居士集》卷四五，页645。

【65】《怀麓堂集》文卷二一，页12；《式古堂画考》卷十一，页431。

图9　皇姊收藏印
(A) "皇姊图书" 采自黄庭坚《松风阁诗》，此为标准印，约4.8厘米见方，肩部略宽。
(B) "皇姊珍玩" 采自《梁武帝半身像》。
(C) (D) 二印出自台北故宫博物院本王振鹏《龙池竞渡卷》，皆为仿刻伪印。

但都是根据原迹忠实仿制的。除了以上袁桷的记录之外，其他公主的藏品散见于著录中者尚多，兹将手头资料录于后，以待后日补充：

1、董源《溪山风雨图卷》。见李东阳《怀麓堂集》："有皇姊图书印，冯子振诗，奉大长公主命题……今为庶子吴君原博（吴宽）所藏也。"[66]

2、刘松年《猿猴献果图轴》，有"皇姊图书"印。[67]

3、梁楷《王羲之书扇图》，有"皇姊珍玩"印。[68]

4、王振鹏《渍墨角牴图》，有"皇姊图书"及冯子振等十余人题跋。[69]

5、曹知白《十八图卷》，上有"皇姊图书"及冯子振等题。[70]

6、柳公权《度人经卷》，有赵岩及冯子振奉皇姊大长公主命题。[71]

(2) 存世皇姊藏品

在流传书画中，除了上述作品之外，还可以从皇姊的两方收藏印

【66】《大观录》卷一四，页58。此图疑为今存台北故宫博物院之刘松年《罗汉三轴》之一。
【67】《故宫书画录》卷七，页4。
【68】《式古堂画考》卷一八，页197。
【69】《石渠宝笈初编》页1213。（故宫影印本）
【70】陈继儒《妮古录》卷四，页291；《大观录》卷二，页38；《式古堂书考》卷八，页379。
【71】《大观录》卷一一，页3。

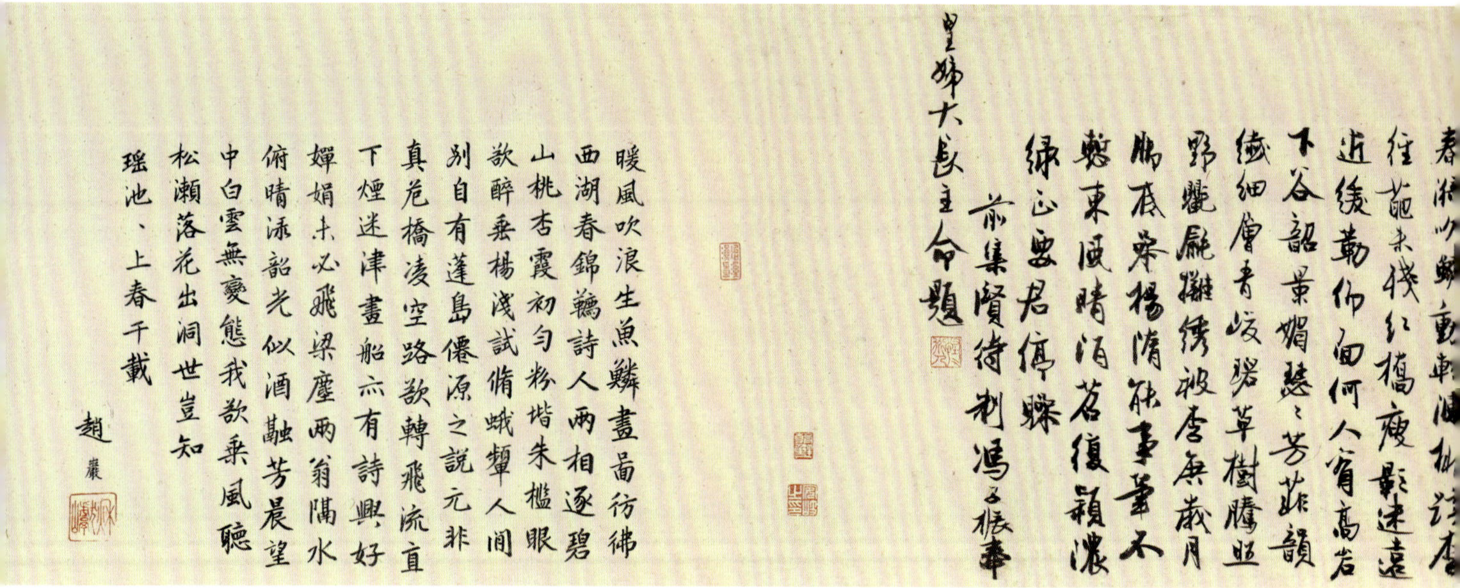

“皇姊图书”和“皇姊珍玩”，以及题跋资料，重建其收藏的一小部分，兹依手头的记录略述于后：

1、隋展子虔《游春图》短卷【图10】，今存台北故宫博物院，绢本青绿山水，为山水画史上重要的早期风格作品。画卷上有“皇姊图书”之外，卷后尚有“前集贤待制冯子振奉皇姊大长公主命题”的七言诗一首，后尚有赵岩以及张珪的诗各一首，似乎不是当时原题的全部，此画为南宋贾似道旧藏。[72]

2、唐卢楞伽《六尊者像卷》，今存台北故宫博物院，绢本设色，上有“皇姊图书”印。[73]

3、《梁武帝半身像轴》，今藏台北故宫博物院，上有“皇姊珍玩”印。[74]【图11】

4、宋崔白《寒雀图卷》，今藏台北故宫博物院，上有“皇姊图书”印。[75]【图12】

5、宋赵昌《蛱蝶图卷》，今藏台北故宫博物院，上有“皇姊图书”印，后有冯子振、赵岩题。[76]【图13】

6、宋梁师闵《芦汀密雪图卷》，今藏台北故宫博物院，上有“皇姊图书”印。[77]【图14】

7、宋刘松年画《罗汉图三轴》，今存台北故宫博物院，上有“皇姊图书”印。[78]【图15、16、17】

【72】《故宫博物院藏画》第二集二七图；喜龙仁《中国画》八九图。
【73】《故宫书画录》卷七，页4。
【74】《中国古代绘画选集》册二图。
【75】《石渠宝笈初编》页959。有散页本印行。
【76】《中国古代绘画选集》四三图。
【77】《故宫书画录》卷五，页88。
【78】《上海博物馆藏画集》二七图。此画可能为王振鹏作。

图10 隋 展子虔《游春图》 台北故宫博物院藏
为皇姊旧藏，卷后有冯子振、赵岩等奉皇姊之命题识。

8、元王振鹏《锦标图卷》，上有皇姊二印。

9、元人《广寒宫图轴》，今藏上海博物馆，上有“皇姊图书”印。[79]

10、宋人《葵花蛱蝶纨扇》，有“皇姊图书”印。

11、宋高宗赵构《金书草书七绝纨扇》，有“皇姊图书”印。

12、元钱选《白莲图卷》，无印。[80]【图18】

以上第十至十二三件，均为1971年在山东邹县明初朱檀墓中出土的随葬品，为近代第一次出土的名家书画。第九、十二件为对幅，原属一扇之两面，皆有皇姊印，而且改成卷装后，又有冯子振和赵岩二人的题跋。其中钱选《白莲图卷》，画上并无皇姊印章，但卷后亦有冯、赵二人题跋，其形式与前者极为一致，虽然冯子振二题均不写明“奉皇姊大长公主命题”，但前者既有公主印章可证，而且钱选又是公主收藏历代作品极少数的元代画家，见于袁桷题画目，因此将此卷也列于她的藏品下，当不致有大误。也许，冯氏题款之不同，可以解释为早于1323年雅集之前，奉公主之命而题的。

在传世公主所藏法书中，除了上述宋高宗《金书七绝扇》之外，尚有：

13、唐国诠书《善见律卷》，今存台北故宫博物院，后有赵岩及冯子振奉皇姊命题。[81]

【79】以上三件书画见于《发掘明朱檀墓纪实》，《文物》1972年五期，页25至32。
【80】《石渠宝笈秘殿珠林续编》页56。《国诠墨迹》之一段，见1977年八月号《文物》图八。
【81】辽宁博物馆法书单印本。卷后元人题跋只存赵岩一人。

图11 《梁武帝半身像》 台北故宫博物院藏
皇姊用印，以“皇姊图书”为多，偶有二印并用，唯此画仅用“皇姊珍玩”一印。

14、宋高宗草书《洛神赋卷》，今藏辽宁省博物馆，后有“皇姊图书”印。[82]【图19】

15、宋黄庭坚《松风阁诗卷》，今藏台北故宫博物院。【图8】此为著录于袁桷《清容集》中四十件皇姊藏品中，除了王振鹏《锦标图》以外的仅存名迹。不但如此，这卷是现存参与大长公主雅集及题跋人数最多的一卷，共有十四家，其中冯子振和李泂二跋【图7】说明是“奉皇姊大长公主命题”，李泂一跋更记有确实年月日：“至治三

【82】《元史类编》卷二九《公主》，页21。

年季春廿有三日”，也就是袁桷《图画记》中的“三月甲寅”，合于公历1323年4月28日，则知大长公主的雅集，正是在暮春花开时节。

（3）皇姊印之真伪

由于皇姊为元代中期著名的宗室收藏家，因此她的二方印章不但能增加古书画之身价，而且是鉴赏家借为断代的重要佐证之一，因此，与其他著名收藏印一样，也有伪作的情形。

她的两方印：“皇姊图书”和“皇姊珍玩”【图9】，风格与大小均相同，当是出于同一手笔。在品质上论，上不及宋内府印，下不及元文宗的“天历”和“奎章阁”二玺，结构章法，松懈而不匀称，篆书格调也不高，可能是委托内监，随意请人刻制的。

这两方印真伪的决定，是由传世有此二印的书画比较归纳得来的。在上列十五项书画中，除第十二和十三件未见其印，以及第三、八各件尚待研究外，其余各件上之皇姊印不但一致，而且就书画的本身而言，即使对其真伪有不同意见，但其下限绝不晚于皇姊。并且除了第十到十四各件外，笔者均曾目睹原迹。第十、十一两件虽未目睹，但为近年出土明初洪武帝第十个儿子朱檀（1370—1389）的随葬品，上距皇姊之逝只有半个世纪。且明初内府书画，多自元内府接收而来，所以可靠性极大。将这二印与传世其他名迹上的印相比，不难看出是钤自同一印章。其中如展子虔《游春图》、赵昌《蛱蝶图》，以及黄庭坚《松风阁诗卷》，不但钤有皇姊的印章，并且保存当时冯子振等的原题，因此这些书画上的皇姊印章，应当可以肯定为真迹而且可以作为标准的。

这二印在古书画上，极少有同时出现的例子，据所知只有王振鹏的《锦标图》（或称《龙池竞渡》），“皇姊珍玩”在画首右上角，“皇姊图书”在王氏自题末尾左下角【图4】。其他各件均只钤一印，除了《梁武帝半身像》的左上角钤的是“皇姊珍玩”印外【图11】，其余多钤“皇姊图书”印。由于钤有“皇姊珍玩”印的二画，均存有时代和真伪的问题，因此实际上目前只有真的“皇姊图书”印例，而没有可以肯定为真的“皇姊珍玩”印例。真的“皇姊图书”印，据我实地从刘松年《罗汉图》轴以及黄庭坚《松风阁诗》卷的测量，都有上宽下窄的倾向：肩宽约4.9厘米，底宽4.8厘米，高亦为4.8厘米，近于正方形。

王振鹏的《锦标图》（此一名称是据袁桷题画诗跋中的标题）临

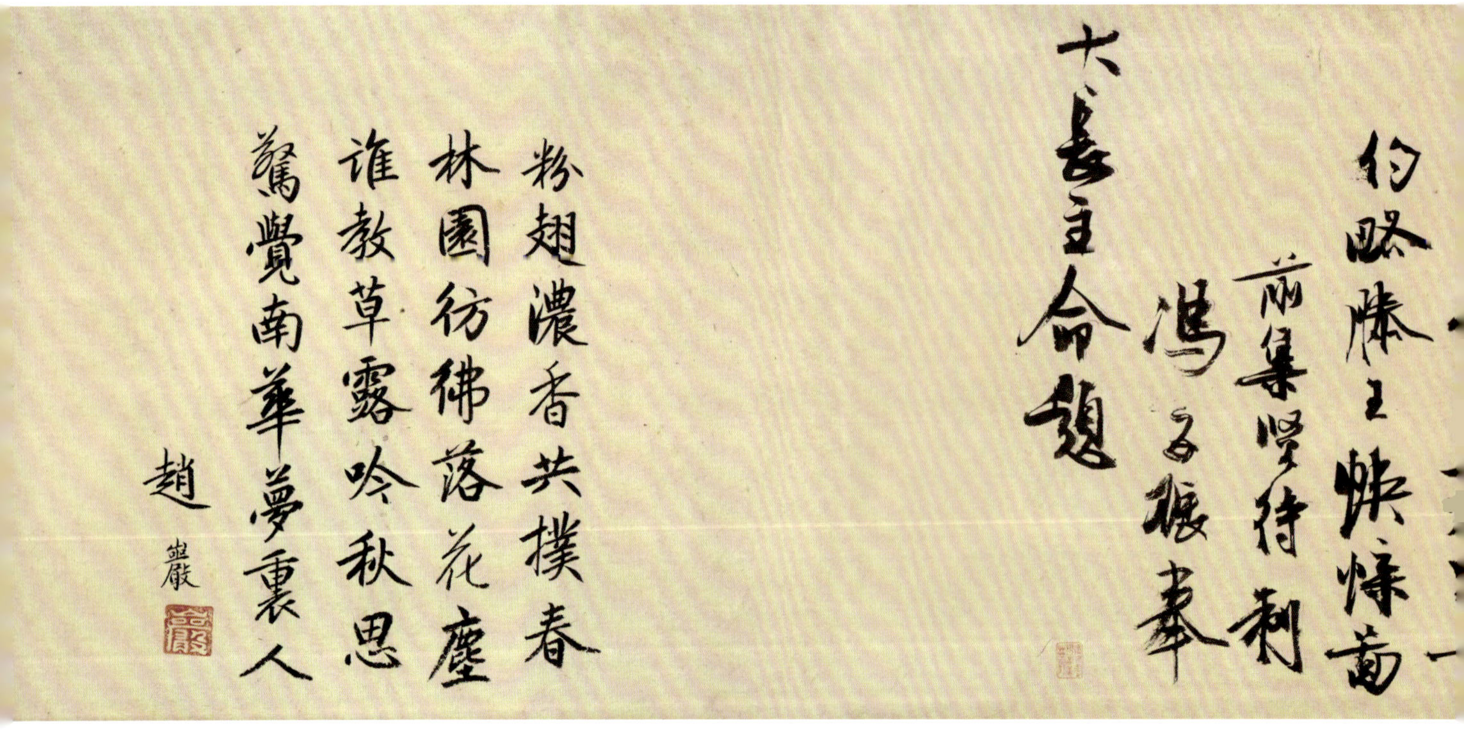
仰賜
滕王蛺蝶圖
前集賢待制
馮子振奉
大長主命題
粉翅濃香共撲春
林園彷彿落花塵
誰教草露吟秋思
驚覺南華夢裏人
趙巖

图12　宋　崔白《寒雀图》　台北故宫博物院藏
上有"皇姊图书"印。

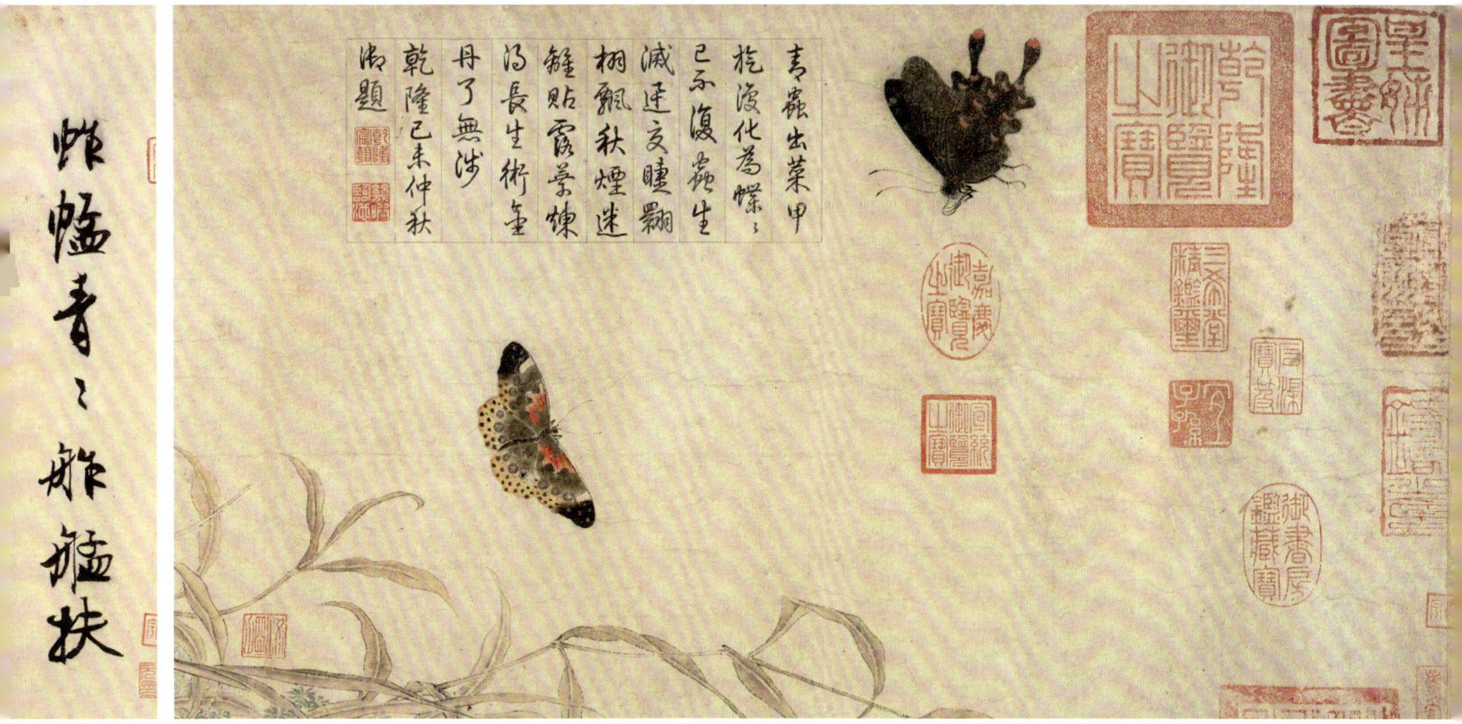

图13　宋　赵昌《蛱蝶图》　台北故宫博物院藏
上有"皇姊图书"印，后有冯子振、赵岩题。

图14　宋 梁师闵《芦汀密雪图》　台北故宫博物院藏
上有“皇姊图书”印。

本甚多，在所知七本之中，笔者目睹六本，但见于不同时地，无从比较。台北故宫博物院所藏列于正目中的三卷有王振鹏自题，说明是奉皇姊之命而画，也只有这一卷有皇姊的二印；但是其书法、其印章，与纽约大都会艺术博物馆藏本相较，行款章法及风格均同，而品质上不免逊色。

笔者在台北故宫博物院时，亦曾将黄庭坚《松风阁诗》与王振鹏此卷并观，“皇姊图书”二印虽然大致相同，但王振鹏画上之印不但没有上宽下窄的倾向，而且是高过于宽，近于长方形。其尺寸大约是宽4.7厘米，可以证明此印与《松风阁诗》上的标准印绝对不是从同一印所钤，因此知道台北故宫博物院本王振鹏不是皇姊收藏的原迹。

（四）皇姑大长公主

大长公主的雅集，是她一生收藏史上的高潮，但不是她一生权势

的顶点。

泰定元年（1324），大长公主以其女适怀王图帖睦尔[83]，即日后之元文宗。此一婚姻，结合了元代最有文化活动的皇帝和最有文化气息的公主世家，数年之后，当文宗即位不久，大量的钱财、新的封号，又不断地赐予。

天历二年（1329）正月“赐鲁国大长公主钞二万锭，营第宅”。[84]大概是新建的第宅过于浩大，所赐不敷，于是在同年五月“复赐鲁国大长公主钞二万锭，以构居第”。[85]这可能是在端午节的事，虞集还应制作《端午赐大长公主》诗；[86]柯九思的《宫词》亦有注云：“天历二年端午，上赐甚厚，并御诗送之。”[87]其上赐甚厚的情形，也可以由柯九思的《宫词》中略窥一二：“玉碗调冰涌雪花。金丝缠扇绣红纱。彩戕御制题端午，敕送皇姑公主家。”[88]【图20】我们也可以从该诗的末句，亦可知以前的“皇姊”，现在已经改称为“皇姑”了，这因为文宗是武宗的儿子，而武宗又是公主的哥哥的关系。

同年十月敕令“诸王、公主、官府、寺观拨赐田租，除鲁国大长公主听遣人征收外，其余悉输于官”[89]，可见她的待遇与众不同，因为她不仅是“皇姑”，而且也是皇帝的岳母呢。

同年十二月，文宗又诏谕廷臣曰：“皇姑鲁国大长公主，蚤寡守节，不从诸叔继尚，鞠育遗孤，其子袭王爵，女配予一人。朕思庶民若是者犹当旌表，况在懿亲乎！赵世延、虞集等可议封号以闻。”[90]后来所加的封号是“徽文懿福贞寿大长公主”[91]。过了几天，又“以淮浙山东河间四转运司盐引六万，为鲁国大长公主汤沐之资”[92]。这一年中，赏赐多次，田租不算，共计十万。也许由于她守寡不嫁，作女儿的特别感恩，所以一再地赏赐；而这皇姑，大兴土木，一发不可收拾。随赐随罄，到明年（1330）九月，又一赐再赐：“以鲁国大长公主邸第未完，复给钞万锭，命中书平章亦列赤董其役。”“以平江等处官田五百顷赐鲁国大长公主。”“赐鲁国大长公主钞万锭，命燕铁木儿诣其邸第送之。”[93]大概新邸终于在这时建好了，但过了半年多，到明年（1331）的四月戊申，她就去世了。[94]计其生年约在1283年，享年才四十九岁左右。

自从她1323年的雅集以来，也未闻有其他活动，其书画收藏印也只限于“皇姊”而无“皇姑”，因此在她的后期，虽然地位愈来愈高，挥霍也愈来愈大，但在收藏上似乎没大进展。在她去世之后，这

【83】《元史》卷三三《文宗本纪二》，页83。
【84】同前注，页84。
【85】《道园学古录》卷二一，页194。
【86】《丹秋集》页40，学生书局影印本。
【87】同前注。柯九思墨迹见拙著*Traces of The Brush*，页170–171。又姜一涵有《普林斯顿大学藏柯九思书宫词卷研究》一文，刊《南洋大学文物汇刊》，此据作者见告。
【88】《元史》卷三三《文宗本纪二》，页85。
【89】《元史》卷三三《文宗本纪二》，页86。
【90】《元史类编》卷二九，页21。
【91】同注89。
【92】《元史类编》卷二九，页29。《元史》卷三四《文宗本纪》，页88。
【93】《元史》卷三五《文宗本纪》，页90。
【94】《新元史》卷一〇四，页241，《皇后列传附诸公主》。（开明书局铸版本）当时公主远嫁高丽的尚有：世祖女忽都鲁坚迷失公主，适高丽王王昛；晋王女蓟国大长公主，适高丽王謜；营王女濮国大长公主，适沈王王焘等。

一批收藏似有进入文宗内府——奎章阁的可能，但我们今天几乎极少看到公主收藏过的作品，也同时有文宗的“奎章阁宝”或柯九思诸人的题跋；因此这一批藏品，也很可能由公主的儿子鲁王阿里嘉室利继承了。近年在明代朱檀墓中，突然同时出现了两件“皇姊”的藏品，也许这是追究她藏品去向的一条新线索吧！

图18　元　钱选《白莲图》
曾为皇姊所藏，于1971年出土于明太祖第十子朱檀墓中。

图15　宋　刘松年《罗汉图》三轴之一　台北故宫博物院藏
上有"皇姊图书"印，三幅皆作于1207年，为传世刘松年之基准作。

图16　宋　刘松年《罗汉图》三轴之一
台北故宫博物院藏

图17　宋　刘松年《罗汉图》三轴之一
台北故宫博物院藏

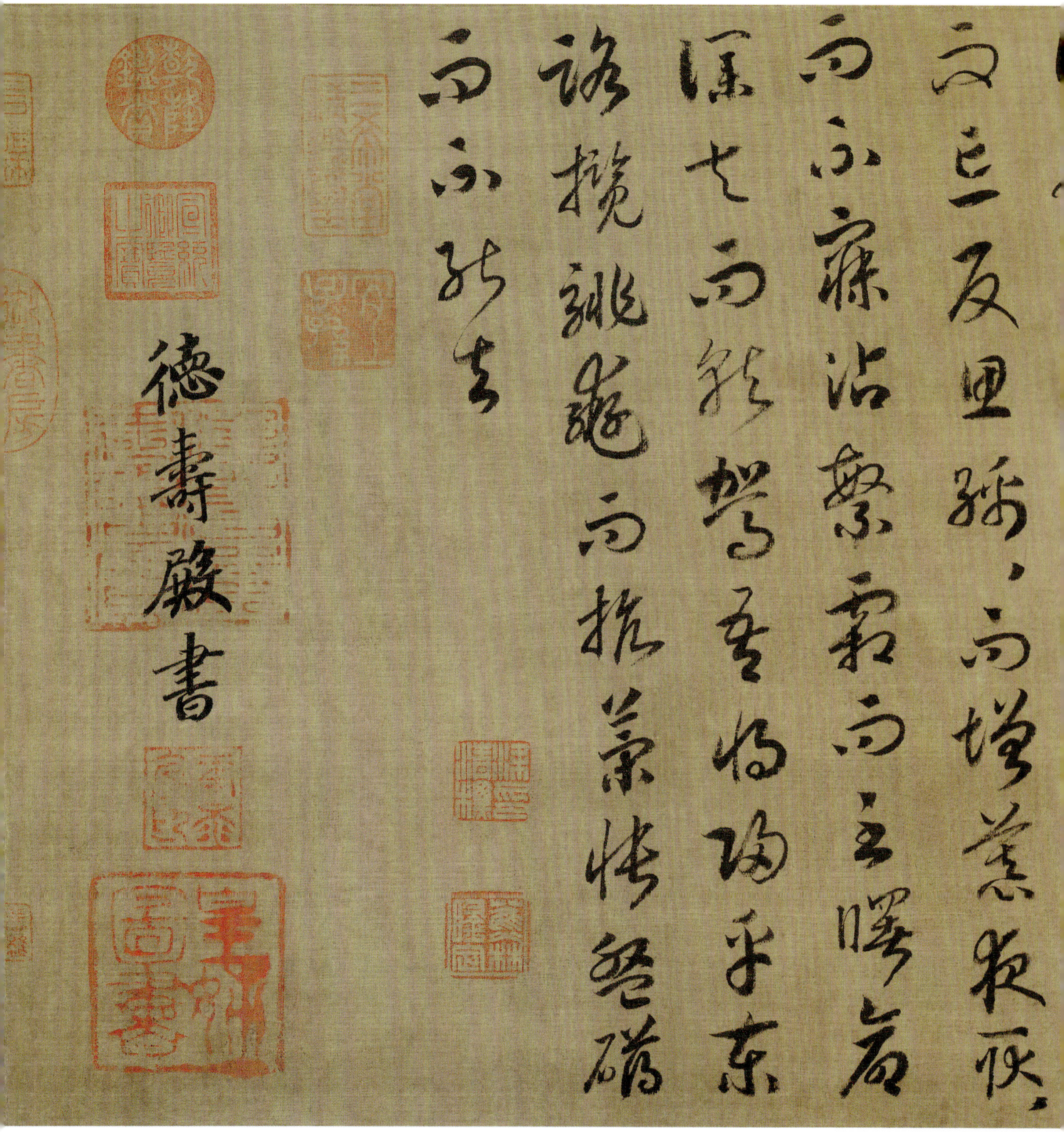

图19　宋高宗《洛神赋》(局部)
采自《三希堂法帖》, 曾为皇姊大长公主所藏, 卷尾"皇姊图书", 模刻略有失真。

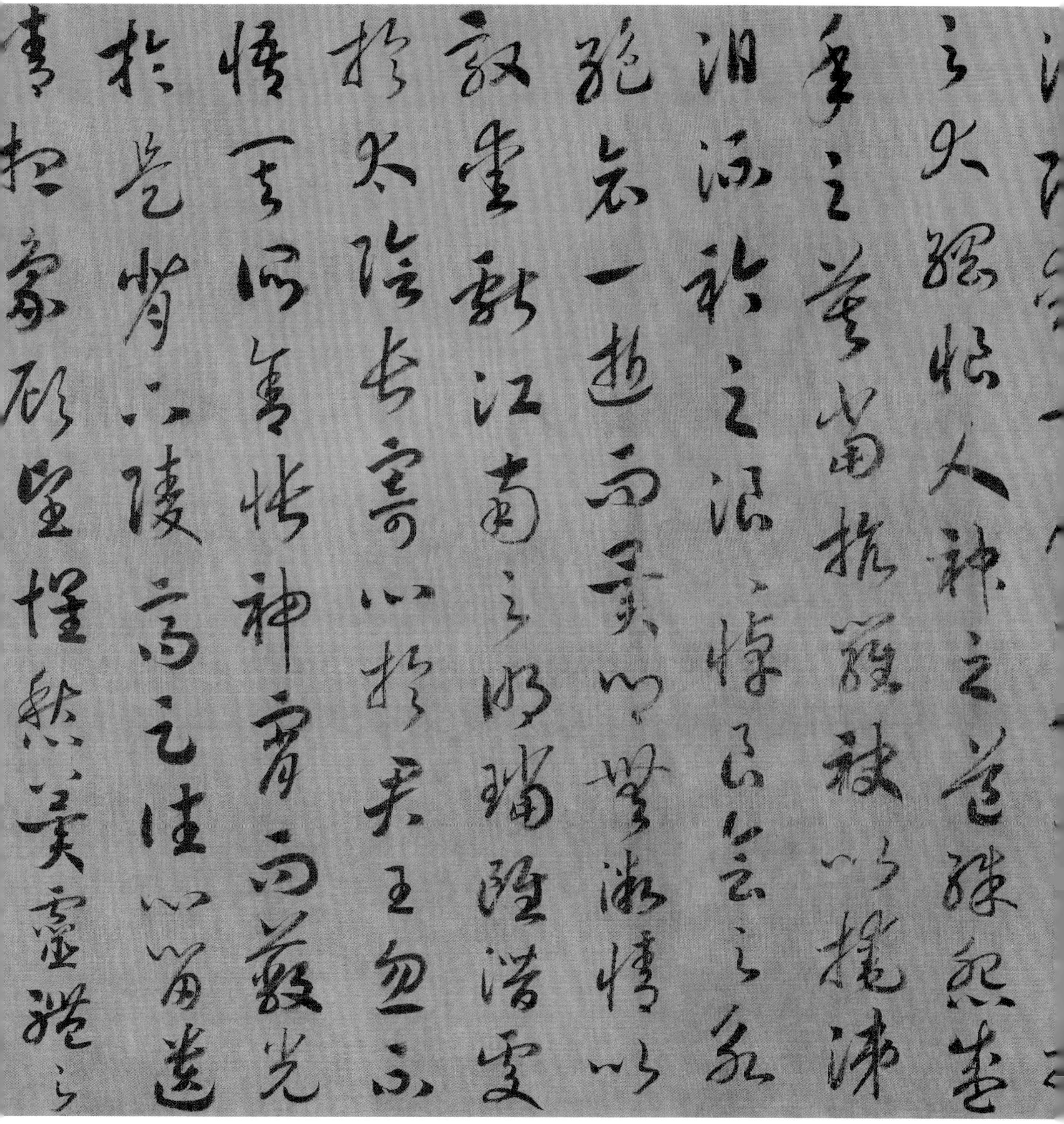

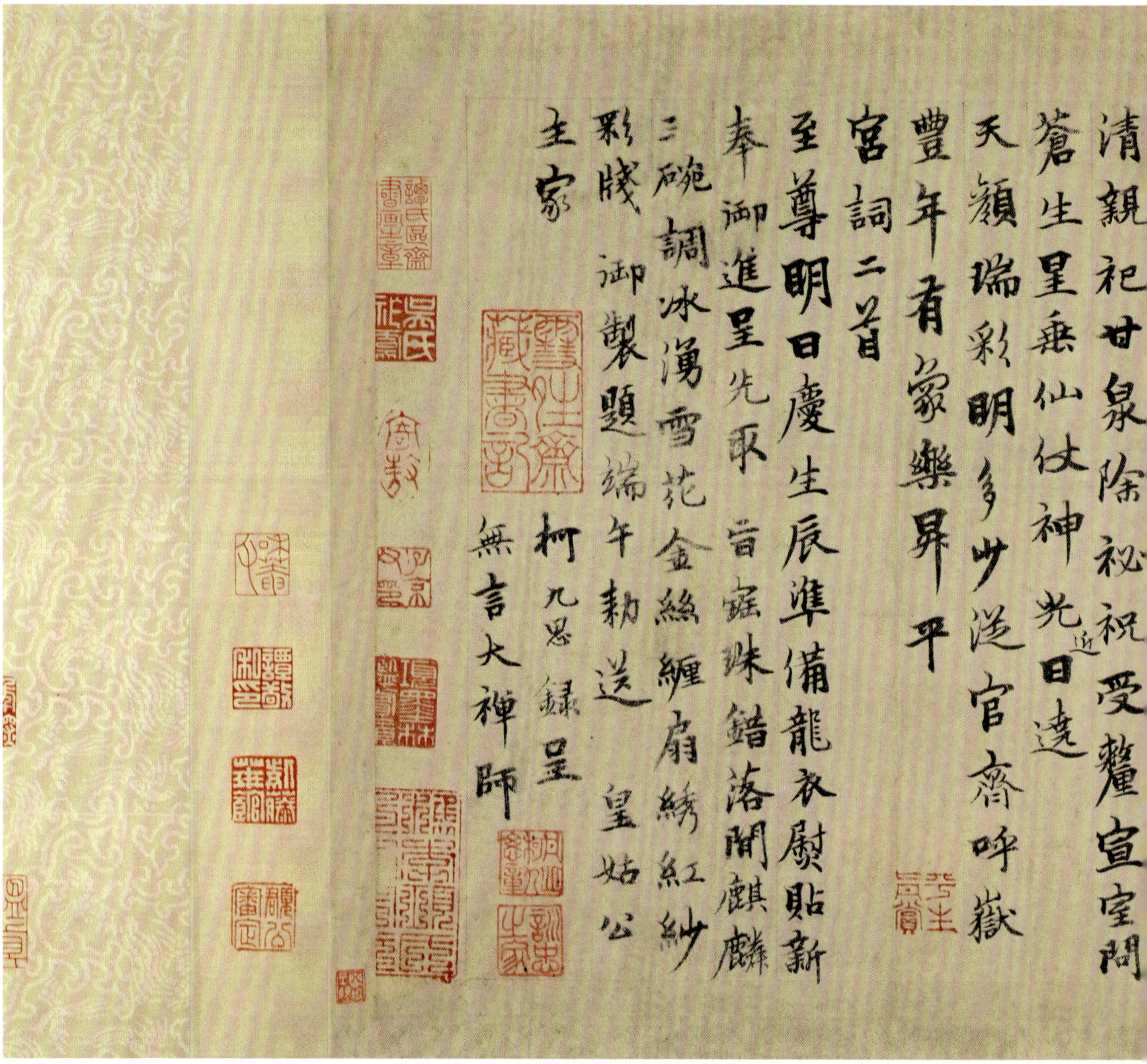

图20　元　柯九思《宫词》　美国普林斯顿大学美术馆藏
记天历二年端午，文宗赏赐皇姊大长公主的情状。

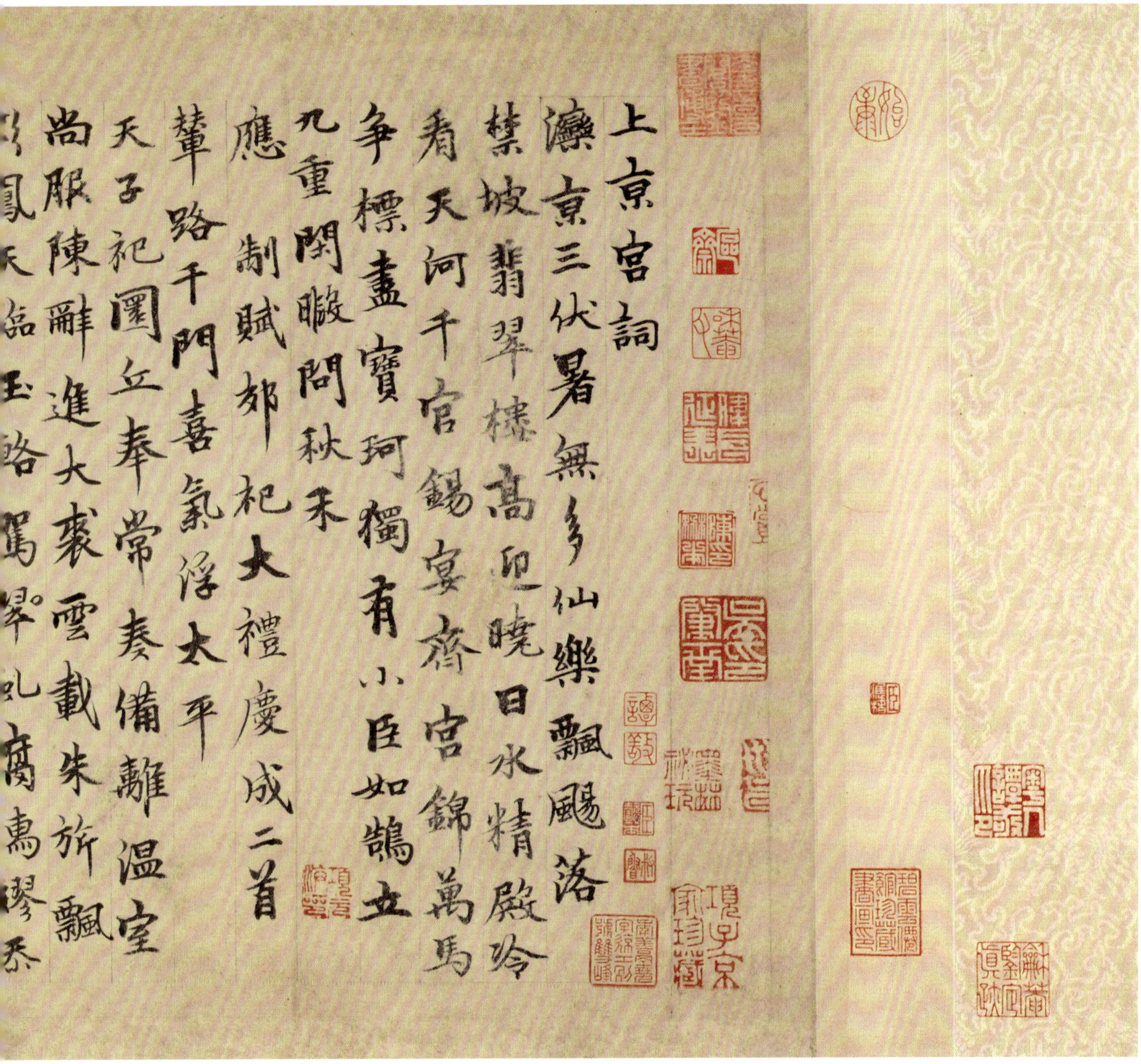
上京宮詞
灤京三伏暑無多仙樂飄颻落
禁坡翡翠樓高迎曉日水精殿冷
看天河千官錫宴齊宮錦萬馬
爭標盡寶珂獨有小臣如鵠立
九重閑暇問秋禾
應制賦郊祀大禮慶成二首
輦路千門喜氣浮太平
天子祀圜丘奉常奏備離溫室
尚服陳雕進大裘雲載朱旂飄

附录一 皇姊藏品的来源

在目前的资料中，对于皇姊藏品的来源，实无所知。在元代诸公主中，另有一鲁国大长公主，为魏王阿不哥女，名宝塔失怜，嫁高丽王祺（后改名颛），为元代与高丽通婚的诸公主之一。[95]据韩国金安老的《龙泉淡寂记》（1909年序），当时是有书画陪嫁的：

> 鲁国大长公主之来，凡什物器用简册书画等物，舡载浮海，今时所传妙绘宝轴，多其时出来云。

高丽王祺，当元代至正十一年（1351）即位，公主在至正廿五年（1365）去世，[96]后于我们正在讨论的皇姊大长公主三十多年，不属于目前所讨论的时期；但从此例看，元代有以书画作为嫁妆的例子。这或许与公主个人的兴趣或出嫁的对象有关，不一定每位公主都有书画作嫁妆。然由此一例，知皇姊所藏书画的来源，或许至少有若干是属于妆奁的一部分吧！

【95】转引自韩国又玄高裕燮著《韩国美术史及美学论考》，页71。此由耶鲁大学美术史研究所韩国女研究生金红男提供，彼曾研究元代内府藏画携赴高丽，对高丽绘画的影响。
【96】《新元史》卷一四六，《高丽列传》，页473。

附录二：皇姊家世表与简明年表

总结以上资料，制公主家世简表于后：

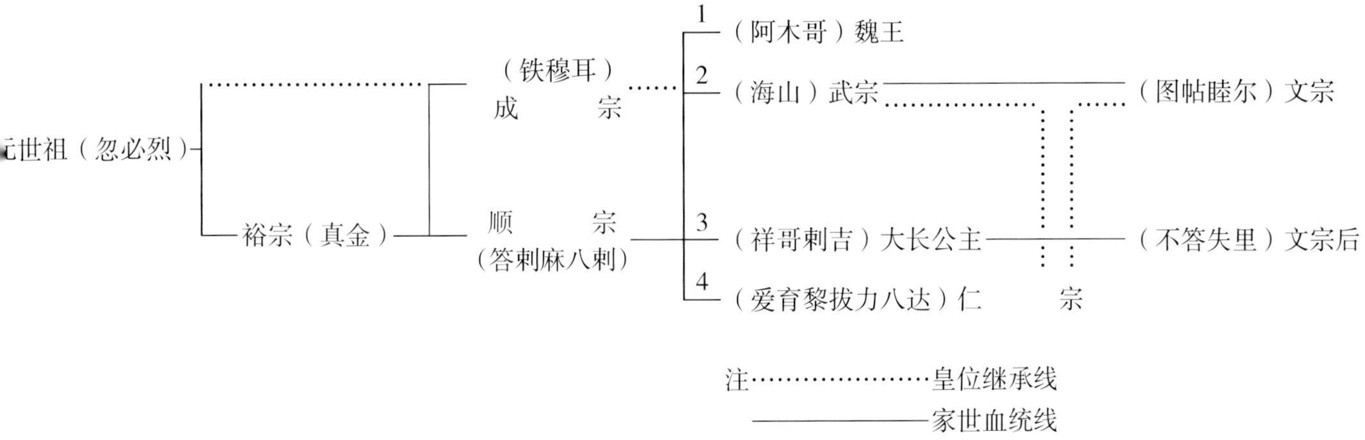

皇姊大长公主简明年表

1283年前后（1282—1284），公主祥哥剌吉生。

1307年，兄即位为武宗，封公主为“鲁国大长公主”，封其夫琱阿不剌为鲁王。

1310年，公主夫卒，从此寡居，育子女各一人。

1311年，弟即位为仁宗，进号为“皇姊大长公主”。

1323年，天庆寺皇姊雅集，出所藏书画命与会士大夫题跋。

1324年，公主之女适怀王图帖睦尔。

1329年，公主女夫怀王即位为文宗，进号“皇姑大长公主”。

1331年，公主薨。

附录三：皇姊雅集之所——天庆寺

据袁桷《鲁国大长公主图画记》，知至治三年（1323）三月甲寅之雅集地点，是在“南城之天庆寺”（《清容集》卷四十五）。南城即大都之外城，在南方与大都邻接（参阅《奎章阁》附图《元大都图》）。天庆寺，据王恽至元九年（1272）撰《大都创建天庆寺碑》，知道它的前身是辽代之永泰寺，至金朝大安年间（1209—1211）为兵火所毁，沉埋荒草中六十余年，到元世祖至元壬申（1272），有高僧雪堂始来结庵，驸马高唐郡王出币为师驻锡之所；甲申（1284）冬又有皇孙出货泉二千五百缗，加以重建，始于乙酉，成于丙戌之秋（1285—1286）。在重建工程中得到废钟，刻有“天庆”二字，乃是辽代之年号（1111—1114），于是以此命名为“天庆寺”。僧雪堂为张普仁字仲山之号，许昌人（《秋涧先生大全文集》卷五十七，《天庆寺碑》）。当佛殿重建时，袁桷有《天庆寺佛殿上梁文》（《清容集》卷三十五）亦云：“雪堂老禅，心匠虚明，性宗真净，住南城数十载，名满江湖。”

天庆寺建成后，京郊多一名胜，当时文人学士即常来此寺纳凉。马祖常《天庆寺纳凉联句》有云“槐屋夏阴繁，石池暑气清”（《石田集》），亦可想见大略了。又据宋褧《燕石集》，天庆寺有“雅致亭”（《钦定日下旧闻考》卷五十八），如此环境，则不难想象皇姊此一雅集为什么选在天庆寺了。

此后，该寺在明宣德及成化二年（1466）曾加重修（《天府广记》），寺后高阁，可以遥望天坛，僧舍中在明末清初尚藏有李龙眠画《罗汉十六轴》（孙承泽《春明梦余录》），至乾隆四十余年时，天庆寺尚存，在药王庙之西，但罗汉像已失其所在矣（《钦定日下旧闻考》卷五十八，页十九）。药王庙是在天坛之北（明刘侗《帝京景物略》卷三），则知天庆寺址在天坛之西北方向。

第二章 元文宗与奎章阁

一、元文宗与奎章阁

元代内府收藏活动最频繁最有声有色的，自然要数元文宗阶段。文宗本人也是元代最风雅、最提倡艺术的皇帝，他在这一方面的地位，也许与宋代的徽宗和高宗、金朝的章宗相似。而代表这方面的象征，则是奎章阁。在传世金元以前的作品上，常见有“天历之宝”或“奎章阁宝”二巨印，就是当时内府收藏的标志。【图21】

前章所述皇姊大长公主的收藏，固然是书画收藏史上的佳话；但是比起内府收藏来说，毕竟是小宗。不仅因她是妇女的身份，诸多不便；而且还是私人的力量，自不能与大内相比。但尽管如此，她的收藏活动是在文宗之前，又是文宗的姑母兼岳母，似乎对于日后奎章阁的创立，不是完全不相关的。而最主要的，自然是皇姊的书画收藏，反映了元代皇室对汉文感染的总趋向。

当文宗在怀王时代，在南京与当时的文士交往，对文宗日后的活动，也不无影响。泰定二年（1325）怀王居建康，赵淳与李孝光并受知于怀王。赵又将柯九思引见于怀王，柯氏遂以写竹而得王之亲幸[1]，这也是日后奎章阁一连串活动的前奏。

前面说过，文宗是武宗的儿子，所以同是大长公主以及仁宗的侄子，可以说是同一世系，都是重视汉文教育、重文亲儒的。而文宗挥毫的兴趣，似更甚于以前诸帝。其御书墨迹，在元代的文集中，常

【1】见宗典著《柯九思史料》，页198，《年谱》“一三二五年条”。

图21 "天历""奎章"二印
"天历之宝"出自黄庭坚《致公蕴知县帖》,
"奎章阁宝"出自宋徽宗《腊梅山禽》。

见于各家题跋。以赐书之举，在太子时代即已开始。即位之后，当他在奎章阁，兴来时仍常有赐书之举。有一次临唐太宗的《晋祠铭》，写了"咏怀"二字，又亲刻之石，手印四纸，赐给奎章阁大学士阿荣以及康里子山等，康里并记其书云："遒丽雄强，神系辉映。龙跳虎卧，不足喻也！"[2]有时还亲笔书诏，为当时臣下所宝藏。黄溍曾说："文皇以万机之暇，游心艺事，神文圣笔，冠绝古今。"[3]又尝亲笔书《奎章阁记》，刻石作拓本，赏赐大臣，成为元人文集中最常见的题跋对象。[4]陶宗仪评此记的书法"甚有晋人法度"[5]。虞集跋朵来学士所藏御书，说他的书法是"端重方岩"[6]。总之，在元代诸帝中，他是佼佼者了。他不但能书，而且能画。在陶宗仪的《辍耕录》中，就载着"文宗能画"一条：

【2】《湘管斋寓赏编》卷一，页53，《艺术丛编》十九册。
【3】《金华黄先生文集》卷二一，页201，《恭跋御赐咏怀二字》，《四部丛刊初编》缩本。
【4】如苏天爵《滋溪文稿》卷二八、《金华集》卷二一。
【5】《书史会要》卷七，页16。
【6】《道园学古录》卷十，页112，《四部丛刊》初编缩本。

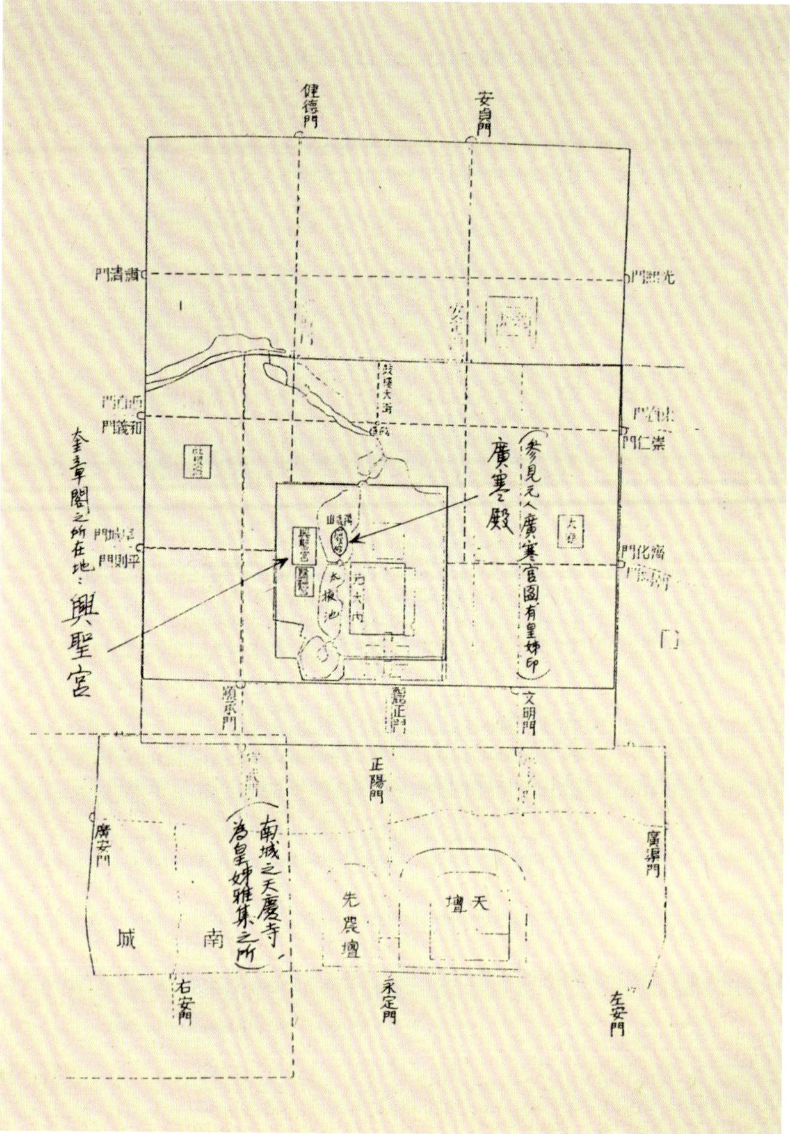

图22　元大都图
（采自朱偰著《大都宫殿图考》）

> 文宗居金陵潜邸时，命臣房大年画京都万岁山。大年辞以未尝至其地。上索纸，为运笔布画位置，令按稿图上。大年得稿，敬藏之。意匠经营，格法遒整，虽积学专工，所莫能及。[7]

这虽然不是绘画创作，但足见他天性所近，不学而能；同时也直接关系到他的鉴赏能力，这跟他日后与虞集、柯九思等君臣相得的情形有必然关系："文宗之御奎章日，学士虞集、博士柯九思常侍从，以讨论法书名画为事。"[8]

也就因为文宗能亲近礼遇这些儒臣文士，使这些汉人的臣子们浑忘了种族界限，对他产生了无限的眷眷情怀。如柯九思在《春直奎章阁二首》[9]中有以下的诗句："殿中今日无宣唤，闲卷珠帘看柳

【7】《辍耕录》卷二六，页400，世界书局本。
【8】同前书，卷七，页116。
【9】《丹邱先生集》卷三，影印四库珍本。

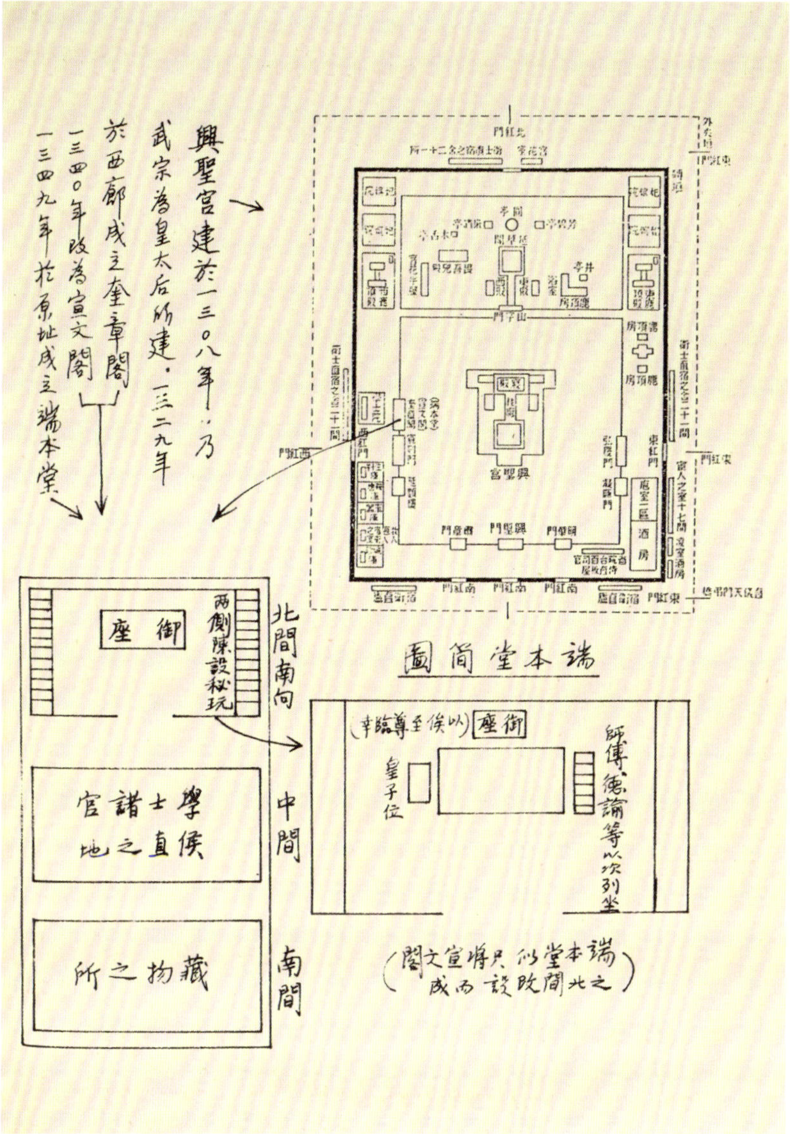

图23 兴圣宫与奎章阁（宣文阁、端本堂附）

花。”“底事君王稀幸御，儒臣日日待经筵。”

在揭傒斯的诗中，更可以看出文宗是如何地能够笼络人心：“天历年中秘阁开，授经新拜育群材。宫门待漏尝先到，讲席收书每后回。召试时蒙天语劳，分题不待侍臣催。满头白雪丹心在，太液池边只独来。”[10]其忠心耿耿之情，真是跃然纸上。

奎章阁创立在天历二年（1329）二月，第二年的正月，柯九思为鉴书博士，而奎章阁的鼎盛年代，也就是在这头两年中。到第三年（1331）御史台先劾奎章阁参书雅琥，再劾鉴书博士柯九思，这些被称为“挟末技”见宠的文学书画之士已遭众忌，自此就急趋下坡，到第四年八月，文宗驾崩，这些烜赫一时之士也就星散。虽然奎章阁的

【10】《揭文安公集》卷三，《四部丛刊初编》缩本。

存在一直持续到至元六年（1340），但气氛早已不同，至该年底终有罢奎章阁之议而寿终正寝。以下先将奎章阁在宫内的地点、作用、组织和官俸分别陈说之后，再将有关奎章阁史事作一编年表列于后。

（一）奎章阁的地点和陈设

奎章阁的所在地，根据杨瑀的《山居新话》，是在“西宫兴圣殿西廊”。兴圣宫一称西宫，当初是武宗为皇太后在至大元年（1308）所兴建的。[11]兴圣殿的位置，根据朱偰的研究，是在“太液池之西，有宫二，北曰兴圣，南曰隆福。兴圣宫当大内之西北、万寿山之正西。”【图22】

万岁山就是太液池北部的小岛，上建广寒殿（《皇姊篇》），即今白塔所在地。从元人的画上，见其重台叠阁，而兴圣宫在其正西，范围更大。奎章阁在整个宫内，占地实在有限，只是在兴圣殿的“西廊，择高明者三间为之”。而这三间各有不同的用处和安排：“南间以为藏物之所，中间学士诸官候直之地，北间南向，中设御座，两侧陈秘玩之物，命群玉内司掌之。”[12a]据此，则当时奎章阁的设置历历在目。【图23】

虞集《奎章阁记》中，对阁中内部装饰的宗旨也有叙述：“其为阁也，因便殿之西庑，择高明而有容，不加饰乎采斲，不重劳于土木，不过启户牖，以顺清燠，树庋阁以栖图书而已。至于器玩之陈，非古制作中法度者，不得在列。其为处也，跬步户庭之间，而清岩邃密……而声色狗马，不轨不物者，无因而至前矣！”[12b]则知其陈设，近乎书房。因此，文房雅玩是不加摒斥的，如当时阁中有一块灵璧石，“奇绝名世，御书其上曰：‘章奎玄玉’，并敕虞集赋诗”[13]。也有人进献文石，命虞集作《五色石屏风记》。[14]亦有朱万初以所制墨进呈，“大称旨，得禄食艺文之馆”[15]。由以上各项资料，当时阁内的陈设，也可约略想象得之了。

（二）奎章阁的宗旨

至于当时成立奎章阁的宗旨，是多方面的，其性质也随时而变。虞集在《皇图大训序》中云：“天子始作奎章阁，延问道德，以熙圣学，又并艺文监，表章儒术，取其书之关系于治教者，以赐摹印。”[16]在某一方面来说，是与原来的集贤院有重复的地方。在《奎

【11】《元史》卷一一六，页29，《顺宗后传》。
【12a】朱偰著《元大都宫殿图考》第七节《兴圣宫》，页37。
【12b】《道园学古录》卷二，页34。
【13】同前书，卷二二，页201。
【14】同前书，卷二二，页201。
【15】同前书，卷二九，页264。
【16】同前书，卷二二，页200。

章阁记》中，也有扼要的笼统说法：“作奎章之阁，备燕闲之居，将以渊潜遐思，缉熙典学。”[17]而《元史·百官志》中的说明，其重点略有不同:“命儒臣知经史之书，考帝王之治。”[18]

因为这是一个新机构，其作用是极有弹性的。由于这是一个皇帝和近臣比较可以不拘朝廷形式接触交谈的地方，所以“几无一日而不御于斯，于是宰辅有所奏请，宥密有所图回，诤臣有所绳纠，侍从有所献替，以次入对，从容密勿，盖终日焉。”[19]这已超出了原有的宗旨了。

至于奎章阁成立的初旨，用文宗自己的话来说，则是见于天历三年（1330）二月，因奎章阁学士虞集等辞职，而文宗不准其所请的诏谕中：

> 昔我祖宗，睿知聪明，其于致理之道，自然生知。朕以统绪所传，实在眇躬，夙夜忧惧。自惟早岁，跋涉艰阻，视我祖宗，既乏生知之明，于国家治体，岂能周知，故立奎章阁，置学士员，日以祖宗明训，古昔治乱得失陈说于前……卿等其推所学以辅朕意，其勿复辞！[20]

此段叙述，情理并至，也说明了当时君臣相得的原因。总之，书画的收藏赏鉴，实为余事。

（三）奎章阁的编制

奎章阁成立之初，规模比较单纯，后来因实际需要，随时增设，于是愈形复杂。其编制情形，各记载中以《元史·百官志》较简，杨瑀的《山居新话》最详细。陶宗仪的《辍耕录》与《山居新话》相同，但是《辍耕录》的性质，杂抄诸家书的成分不少，成书年份也在《山居新话》之后，故书中曾有“杨元诚太史言”之语[21]，加之杨氏曾官内府，故此一记录，当归杨氏，兹条录杨文如下：[22]

> 奎章阁学士院，阶正二品，置大学士五员，并知经筵事；
>
> 幕职置参书二员，典签二员，并兼经筵参赞官；照磨一员，内掾四名，内二名兼检讨；宣使四名，知印二名，译吏二名，典书四名；
>
> 属官则有群玉内司，阶正三品，置监群玉内司一员，司尉一员，亚尉二员，佥司二员，典簿一员，令史二名，典吏二名，司钥二名，司膳四名，给使八名，专掌秘玩古物；

【17】同前书，卷二二，页201。
【18】《元史》卷八八，页229。卷页数皆据开明书店本。
【19】虞集《奎章阁记》，见《道园学古录》卷二二，页201，或《辍耕录》卷二，页45。
【20】《元史》卷三四《文宗本纪》页86；亦见《元史》卷一八一，列传六八《虞集传》。
【21】《辍耕录》卷七，页110，“鸳衾条”。
【22】《山居新话》页10、11。

艺文监，阶正三品，置太监兼检校书籍事二员，少监同检校书籍事二员，监丞参检校书籍事二员，或有兼经筵官者；典簿一员，照磨一员，令史四名，典吏二名，专掌书籍；

鉴书博士司，阶正五品，置博士兼经筵参赞官二员，书吏一名，专一鉴辨书画；

授经郎，阶正七品，置授经郎兼经筵译文官二员，专一训教怯薛官大臣子孙；

艺林库，阶从六品，置提点一员，大使一员，副使一员，司吏二名，库子一名，专一收贮书籍；

广成局，阶从七品，置大使一员，副使一员，直长二员，司吏二名，专一印书籍。

再根据《文宗本纪》，于天历二年（1329）八月乙，初立艺文监，隶奎章阁学士院；而在艺文监之下，又立艺林库和广成局。[23]由此，也许可以作一简表如下：

- 奎章阁学士院
  - 学士院属官
    - 大学士（正二品）知经筵事
    - 侍书学士（从二品）
    - 承制学士（正三品）
    - 供奉学士（正四品）
    - （鉴书博士，正五品，或当列于此。）
    - 其他幕职如：参书、授经郎等
  - 隶属组织
    - 群玉内司（正三品）掌秘玩古物
    - 鉴书博士司（正五品）鉴辨书画
    - 艺文监（正三品）
      - 艺林库—收贮书籍
      - 广成局—印行书籍

当然，这一编制，并不是一开始就具有如此规模，而是逐渐增添而成的。尤其是成立之初，整个奎章阁只是隶属于东宫的属官，后来文宗即位，才从三品升为二品，而鉴书博士到第二年才增设。上表是根据杨瑀的记载所制，但鉴书博士是否自始独立成司，与三品的群玉内司和艺文监并行，似有问题，因为鉴定书画，是博士个人的判断，

【23】《元史》卷三三《文宗本纪》，页85。

而且品级亦只是五品。又据徐显的《稗史集传》："柯九思遇文宗于潜邸，及即位，置奎章阁，特授学士院鉴书博士"，则又是直属学士院。也许，当柯氏授鉴书博士之初，是学士院的从官之一，后来活动频繁，置有书吏一员，在柯氏权势的高峰时期，曾一度独立成司而已。群玉内司的设置，也在至顺元年（1330）正月（见年表），但在奎章阁的末期，却被并入艺文监内。当时奎章阁的官员，都佩带特制牙牌，"金书奎章阁三字，一面篆字，一面蒙古字、畏吾儿字"，佩此可以"出入无禁"。[24]

（四）奎章阁官俸

奎章阁官员的薪俸，《元史·食货志》亦有记载。由各职官俸之高下，亦可使我们明了当时各官职间高下的关系，故照录于后[25]：

大学士俸一百一贯三钱三分三厘，米一十石五斗；

侍书学士俸九十五贯三钱三分三厘，米九石五斗；

承制学士俸七十八贯，米八石；

供俸学士俸五十九贯三钱三分三厘，米六石；

参书俸三十四贯三钱三分三厘，米三石；

典签俸二十八贯，米三石；

鉴书博士俸四十一贯，米四石五斗；

授经郎俸二十八贯，米三石。

【24】《山居新话》，页11。

【25】《元史》卷九六《食货志》，页253。

二、奎章阁年谱初稿

本谱以元文宗及奎章阁有关史事和人物为中心，依时间先后条列目前所得资料，以见奎章阁发展及活动之大略：

至治三年（1323）

皇姊大长公主天庆寺雅集。（见上章）

泰定元年（1324）

怀王（即日后之文宗）尚皇姊大长公主之女。（见上章）

天历元年（1328）

九月壬申，怀王即位，改元天历。（九月之前为“致和”，《元史》卷三一《明宗本纪》）

十月，柯九思授典瑞院都事，秩从九品。（《柯九思年谱》）

天历二年（1329）

正月九日，吏部侍郎宋本、翰林修撰谢端、太常博士王守诚等同观《曹娥碑》墨迹于典瑞院都事柯九思家。（《曹娥碑》墨迹宋本跋）

正月，文宗赐鲁国大长公主钞二万锭，以营第宅。（《元史》卷三三《文宗本纪》）

正月丙戌（廿八日），皇兄明宗即皇帝位。（《元史》卷三三）

二月甲寅，立奎章阁学士院，秩正三品。（此从《文宗本纪》卷三三，页48，《明宗本纪》亦同，然虞集《奎章阁记》作三月，见《道园学古录》卷二二、《山居新话》页11、《辍耕录》卷二，页44。）

是月文宗立奎章阁学士院于京师，遣人以除目来奏，帝并从之。（《元史》卷三一《明宗本纪》。由此可知文宗在逊位于明宗之后才成立奎章阁，为其牢笼人才，建立私人势力之根据地。）

以翰林学士承旨忽都鲁都儿迷失、集贤大学士赵世延并为奎章阁大学士；侍御史撒迪、翰林直学士虞集并为侍书学士【图24】；又置承旨、供奉各一员。（《文宗本纪》卷二，页84）

虞集作《奏开奎章阁疏》。（《道园》卷一二）

作二玺，一曰“天历之宝”，一曰“奎章阁宝”，命虞集撰文。（《辍耕录》卷二，页44）柯九思所藏《曹娥碑》墨迹入内府（见虞集第三跋墨迹），大概为柯氏进呈。【图25a，图25b】

图24　元人画《四学士像》　美国辛辛那提美术馆藏
除右起第一人吴澄外，余皆任职奎章阁：虞集为侍书学士，欧阳玄为艺文少监，揭傒斯为授经郎。

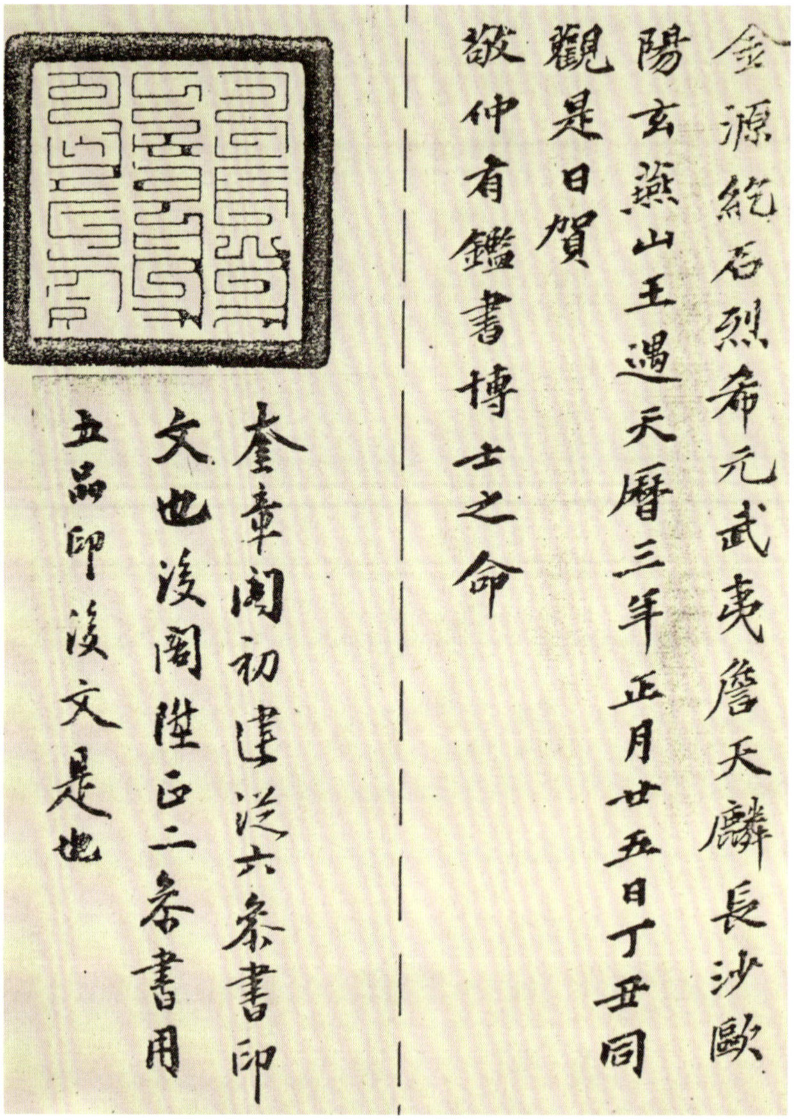

图25a　晋人书《曹娥碑墨迹》元人跋甲
甲为柯九思于1330年2月13日任命为鉴书博士第一手资料。乙为奎章阁参书八思巴文官印，虞集跋。（此印据《隋唐以来官印集存》补入）

文宗建奎章阁，张金界奴（1296年生）为都主管公事，上爱其能。（《新元史》列传八三，页373）大概在此时至天历三年以前，张金界奴曾进呈虞世南临《兰亭帖》【图26】（即“兰亭八柱”第一，或称张金界奴本）以及尉迟乙僧《护国天王像卷》。（《式古画》卷九，页358。）该二卷卷尾均有“臣张金界奴上进”，审其书法，乃是由柯九思代笔，与柯氏题江参《千里江山卷》、黄庭坚《致公蕴知县帖》等无疑为一人手笔，故张氏进呈《兰亭帖》当在其时。

三月，设奎章阁授经郎二员，职正二品。以勋旧贵戚子孙及近侍年幼者肄业。（《文宗本纪》三三，页84）

揭傒斯首擢为授经郎（《元史》列传六八《揭氏传》、《圭斋文集》卷十《墓志铭》）。虞集作《奎章阁铭》。（《道园》卷二一，

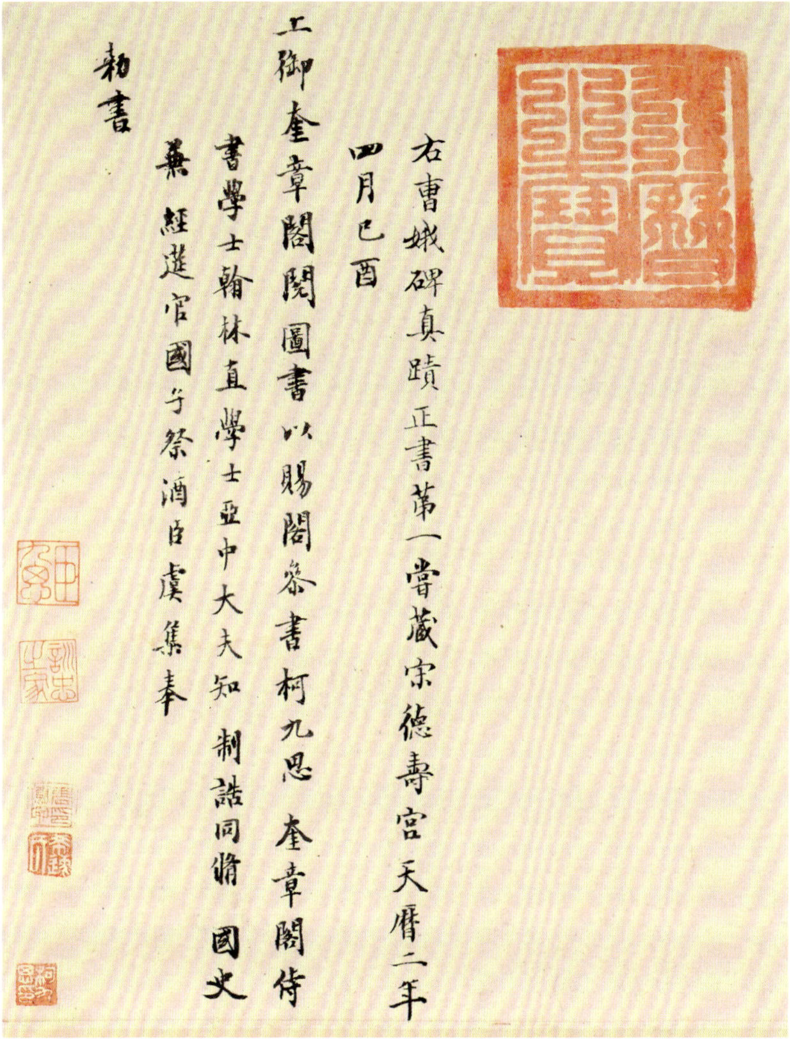

图25b　晋人书《曹娥碑墨迹》元人跋乙
元文宗开奎章阁，柯九思以此帖进入，故有“天历之宝”。后复赐还柯氏，虞集奉敕题。

页195）

四月，虞集奉敕作《奎章阁记》。（《道园》卷二二，页201，该记实未纪年，然此记似应作于成立之年；但据《辍耕录》本，末句作“至顺辛未孟春二日记”，则为至顺二年［1331］。这可能是文宗御书《奎章阁记》的纪年，非虞集作于是年。《历代名人年谱》亦定于此年。）

文宗以奎章阁学士院除目来奏，明宗并从之。（《明宗本纪》，《元史类编》卷八，页17）己酉，文宗御奎章阁阅图书，以柯九思善于鉴辨真伪，以《曹娥碑》墨迹赐还柯九思，并命虞集题记。【图25b】当时同观者有大学士忽都鲁弥实、承制李泂、供奉李讷、参书雅琥、授经郎揭傒斯、内掾林宇、甘立。（《曹娥碑》墨迹跋）廿一日，柯九思奉旨往秘书监理库藏书画。（此据《柯九思年谱》，原出《秘书监志》，然与仓圣明智大学刊本在时间上小异，见卷六，页5。）

五月，皇帝坐奎章阁，特降御笔，以礼部尚书哈剌拔都儿充捧案官，后黄溍为之跋。（《金华黄先生文集》卷二一，页201，又见《道园》卷十，页106。）

五月五日，文宗赐皇姑大长公主甚厚，虞集应制作《端午赐大长公主》诗，柯九思亦有宫词记其事。（《道园》卷二一，页194，《丹邱》集，页40）

八月，明宗崩，十五日，文宗复帝位于上都。十七日升奎章阁学士院秩正二品，更司籍郎为群玉署，秩正六品。同月乙巳，立艺文监，秩从三品，隶奎章阁学士院；又立艺林库、广成局，皆隶艺文监。（《文宗本纪》三三，页85）

揭傒斯作《上再即位，奎章阁贺表》。（《揭文安公全集》卷六，页62）

约于是时，宋本为艺文监检校书籍。（《元史列传》六九，页424）

十一月，奎章阁联衔进入赵幹《江行初雪图卷》【图27a】，此为当时在阁诸臣实录，均录于后：

学士院典签臣张景先；

参书文林郎臣柯九思；

参书奉训大夫臣雅琥；

供奉学士承德郎臣李讷；

中议大夫臣沙剌班；

承制学士奉训大夫李泂；

承制学士朝散大夫中书左司郎中臣朵来；

侍书学士翰林直学士中奉大夫知制诰同修国史兼经筵官臣虞集；

侍书学士资善大夫中书右丞撒迪；

大学士光禄大夫中书平章政事知经筵事臣赵世延；

大学士光禄大夫知经筵事臣忽都鲁都儿迷失。（见《故宫书画录》卷四，页17，《大观录》卷十二，页8。）

十二月，封皇姑大长公主为徽文懿福贞寿大长公主。

天历三年，五月后改年号为至顺元年（1330）。

正月庚辰，升群玉内司，秩正三品，置司尉亚尉、佥司司丞，

仍隶奎章阁学士院。礼部尚书巎巎兼监群玉内司事。（《文宗本纪》三四，页86）

人日（正月七日），奎章阁诸臣审定重装李成《寒林采芝图》，诸臣署名，录于后：

奎章阁校书臣孛术鲁翀；

参书臣柯九思；

参书臣雅琥；

侍书臣虞集审定；

朝列大夫臣宋本；

国史院编修臣宋褧；

复校定供奉臣李讷；

内掾臣林宇、甘立重装。（《虚斋名画录》卷七）

十二日，文宗赐柯九思王献之《鸭头丸帖》，虞集奉敕记。（《上海博物馆法书选》第一册）【图28】

同日，上御奎章阁，命参书臣柯九思取其家藏《定武兰亭》五字损本进呈，上览之称善，亲识“天历之宝”还以赐之，侍书学士臣虞集奉敕记。（台北故宫博物院藏，见台北故宫博物院档案照片5070–5075号。）【图29】

同月，奎章阁诸臣跋董源《夏景山口待渡图卷》：参书臣柯九思、侍书学士臣虞集、承制学士李泂、参书臣雅琥。（《辽宁博物馆藏画集》十，《大观录》卷一二，页13）【图30a、图30b】

同月，置奎章阁鉴书博士二人，秩正五品。廿五日丁丑，柯九思有鉴书博士之命【图31】，欧阳玄等往贺，观其所藏《曹娥碑》墨迹并题。【图25a】（见《曹娥碑》跋，当时谓置博士二人，然何人与柯氏同时为鉴书博士，史无明文，待考。又《元文宗本纪》卷三四，以是年二月置鉴书博士，此据墨迹。）

同日，文宗又将柯氏等审定题识过的李成《寒林采芝图》赐予柯氏。（《柯九思年谱》）

同日，虞集因苦创，不及入阁向柯氏道贺，因有短札致柯博士。（《故宫书画录》卷三，元人旧迹册）

廿七日，虞集及其子囧，及参书雅琥、经筵检讨白守忠、高存诚同观文宗赐还柯九思所藏《曹娥碑》墨迹并题。（见墨迹题跋）

二月辛卯（四日），奎章阁学士忽都鲁都儿迷失、撒迪、虞集

辞职，诏谕之勿辞。（《文宗本纪》卷三四，页86，亦见《虞集本传》）

二月戊申，以虞集为奎章阁学士。（《元史类编》卷九，页13）

春，虞集、李泂与柯九思得侍文宗清闲之宴，论山川形势，九思曰："济南山水似江南，殆或过之，臣泂之居，在大明湖上，雍土水中而为亭，可以周览其胜，名之曰：'天心水面'，可以想见其处矣。"于是，文宗命虞集作《天心水面亭记》。（《道园》卷二二，页203）

三月二十五日，虞集侍立延阁，文宗顾问集："尝至金陵否？"集谨对曰："尝到。"又曰："冶亭是汝所题，往年八九至其处，新松当长茂矣！"谨对曰："臣犹是未种松时到也。"近臣奏曰："玄妙主持道士赵虚一所种也。"上曰："然。"又顾集曰："已升观为宫！汝知之乎？"集谨对曰："臣奉敕题榜赐之矣。"故虞集有诗纪其事曰："春明画侍奎章阁，圣上从容问冶亭。"（《道园》卷四，页52，《送道士赵虚一归金陵》。此诗此序，可以略窥当日君臣对话情状，如此记述琐语如绘的文字，他处不多见，故录之如上。）

孟夏，文宗命绘御史中丞赵公安世像，并亲御翰墨，书敕其上，识以宝玺，并命虞集作赞。（《道园》卷二一，页195，惜未记载画家姓氏。）

约五六月间，上御奎章阁，从容询求江南之士，九思以韩性、张翥应诏。上曰："俟，修《皇朝经世大典》毕，卿至江南刊梓时，可亲为朕召此二人来馆阁试之。"（《丹邱集》卷三或《草堂雅集》。按《经世大典》在明年五月修成，柯九思并未派至江南。）

六月辛巳，赵世延以平章政事兼翰林学士承旨奎章阁大学士，引疾以辞，仍令世延视事中书。（《文宗本纪》卷三四，页87）

八月乙亥，文宗在奎章阁思道无为，鉴书博士柯九思得侍左右，因乃魏氏所传之学，与其曾孙起之志，上嘉念焉，命虞集题鹤山书院。（《道园》卷七，页83，鹤山书院记）

九月，命艺文监刻板印行《贞观政要》。以奎章阁纂修《经世大典》，以次宴其官属。（《吉川文》页26、27）

是年，宋本为奎章阁学士院供奉学士，明年冬擢礼部尚书。（《元史列传》卷六九，页424）

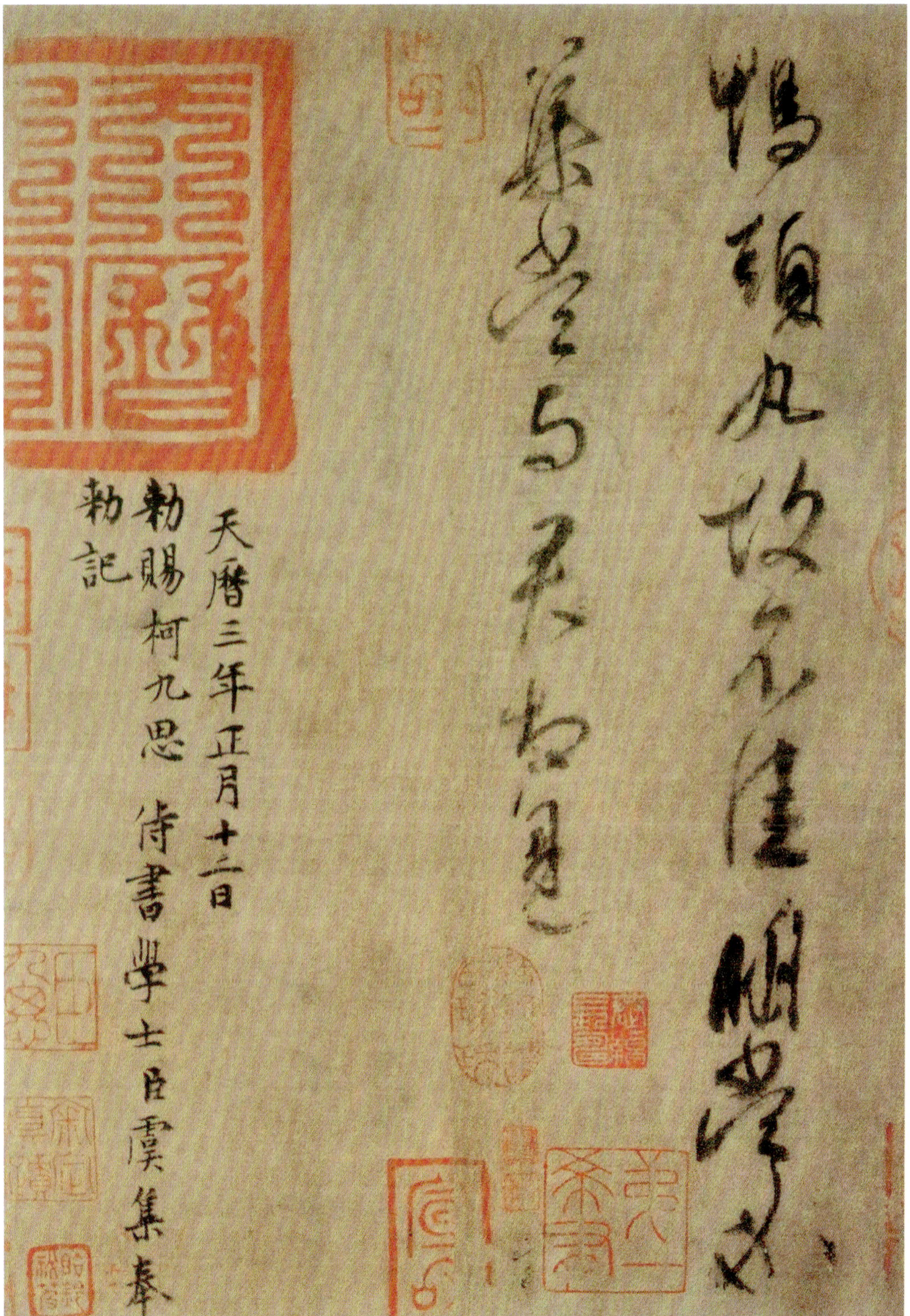

图28　晋　王羲之《鸭头丸帖》

上有"天历之宝"，1330年元文宗以此赐柯九思，十三日后，柯氏有鉴书博士之命。

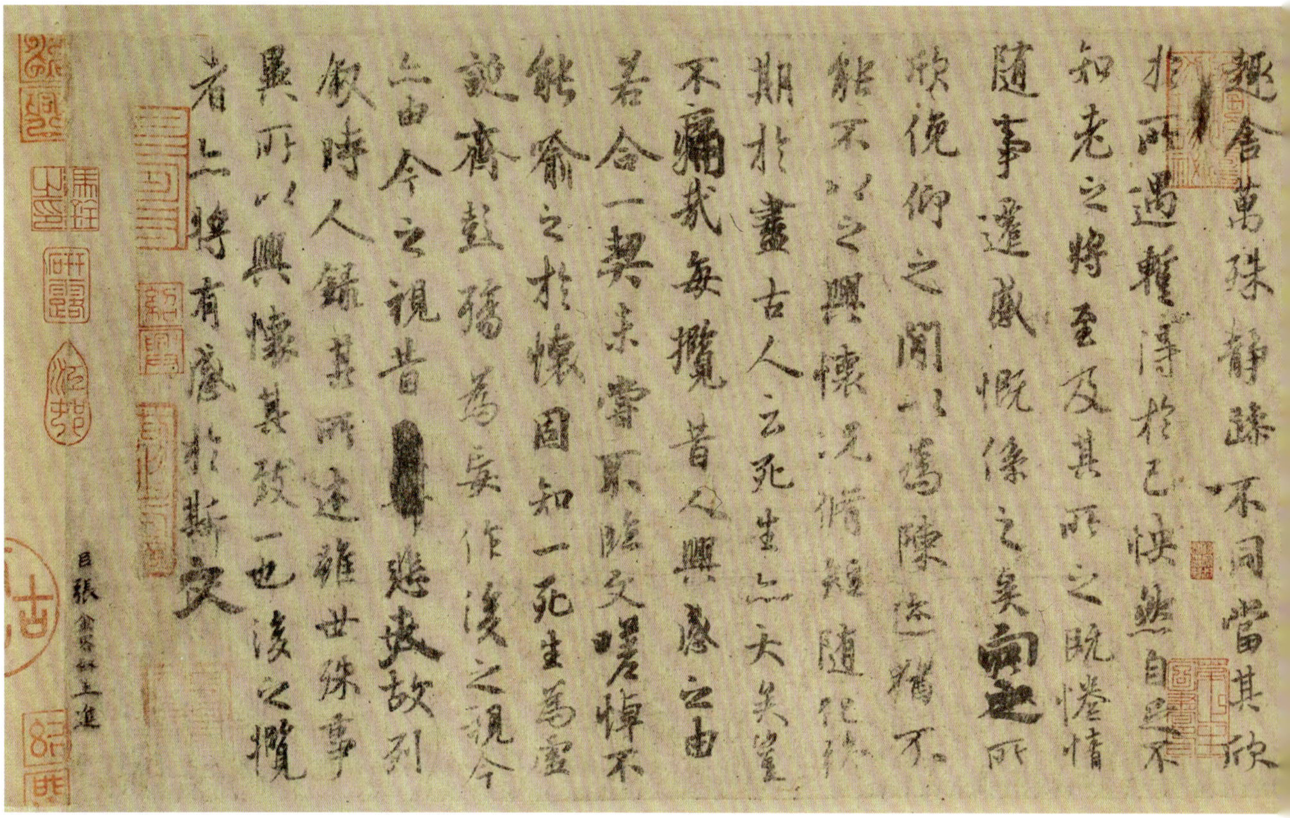

图26　唐　虞世南临《兰亭集序》　台北故宫博物院藏

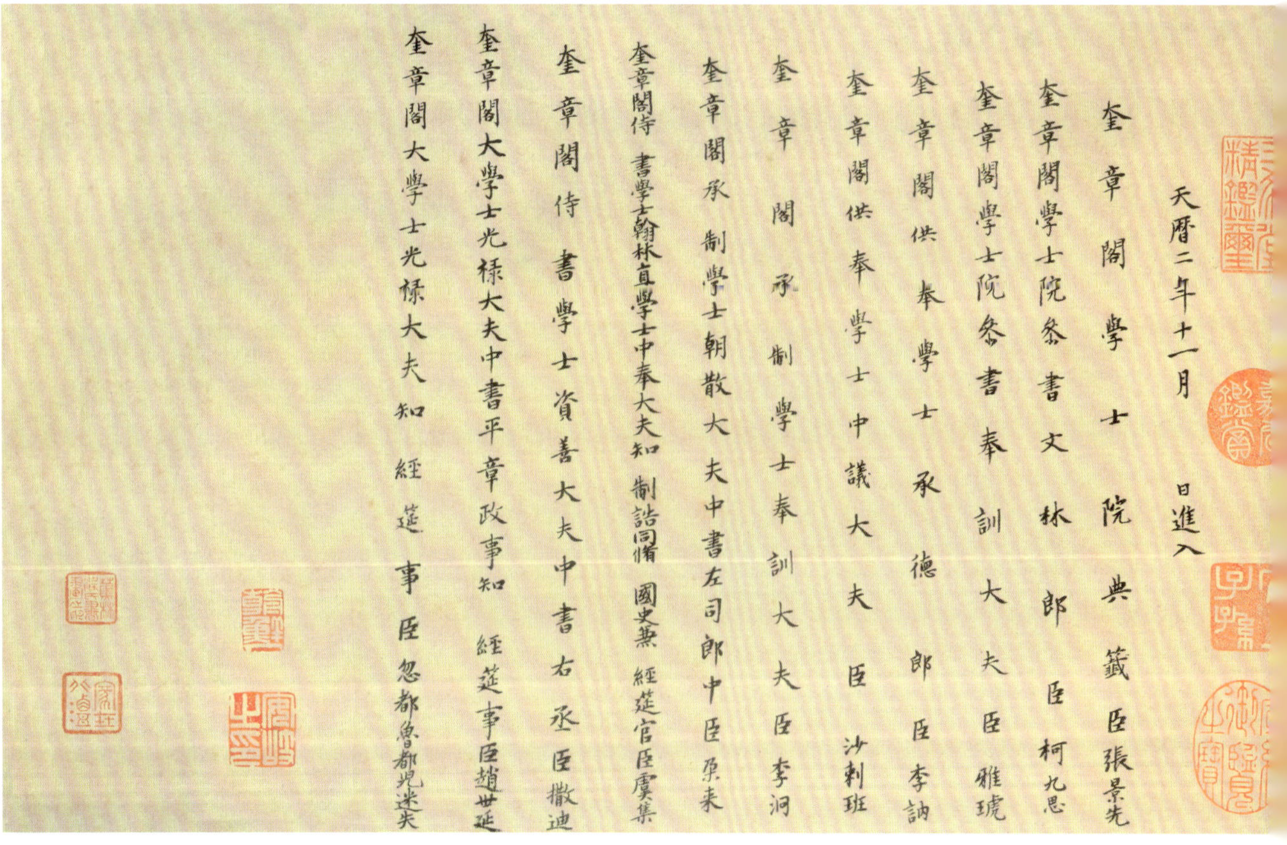

图27a　奎章阁诸臣联衔进入赵幹《江行初雪图卷》　台北故宫博物院藏

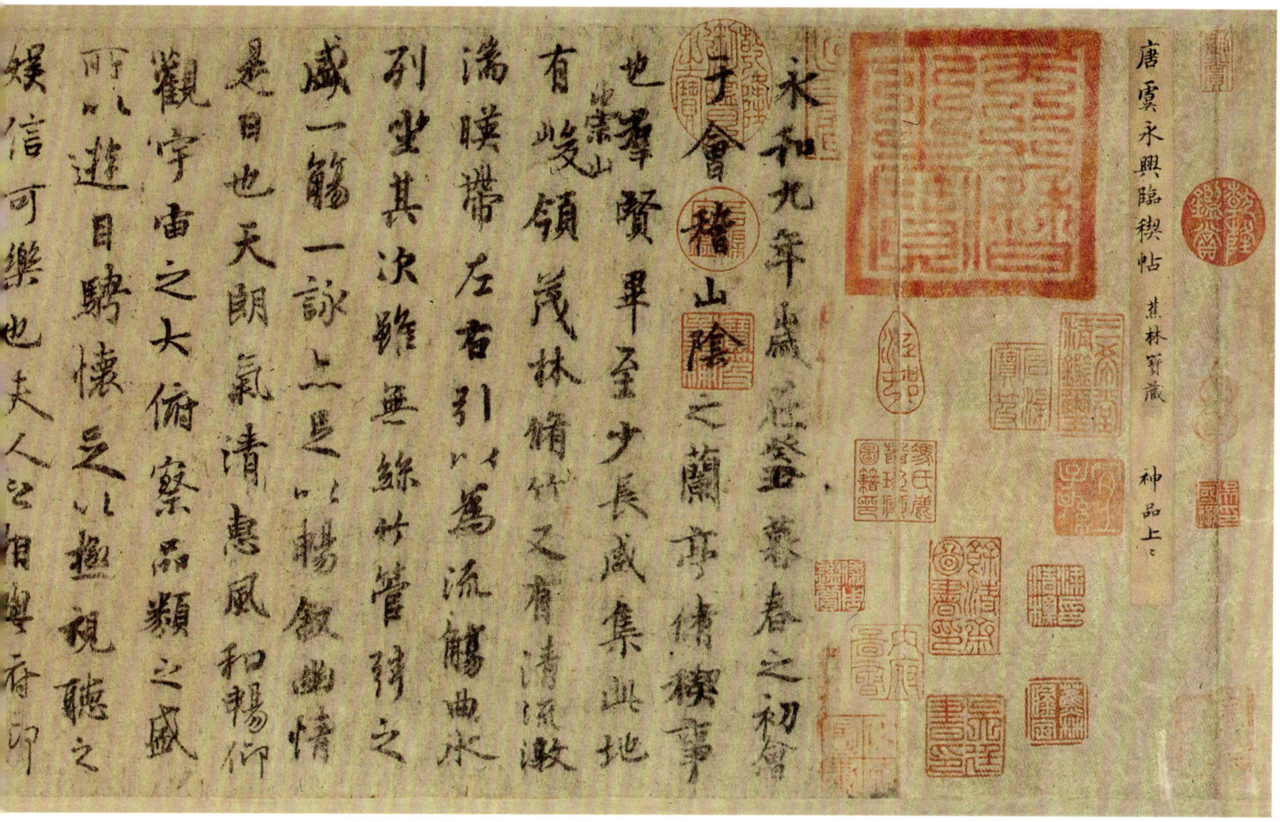
唐虞永興臨禊帖
蕉林寶藏
神品上上

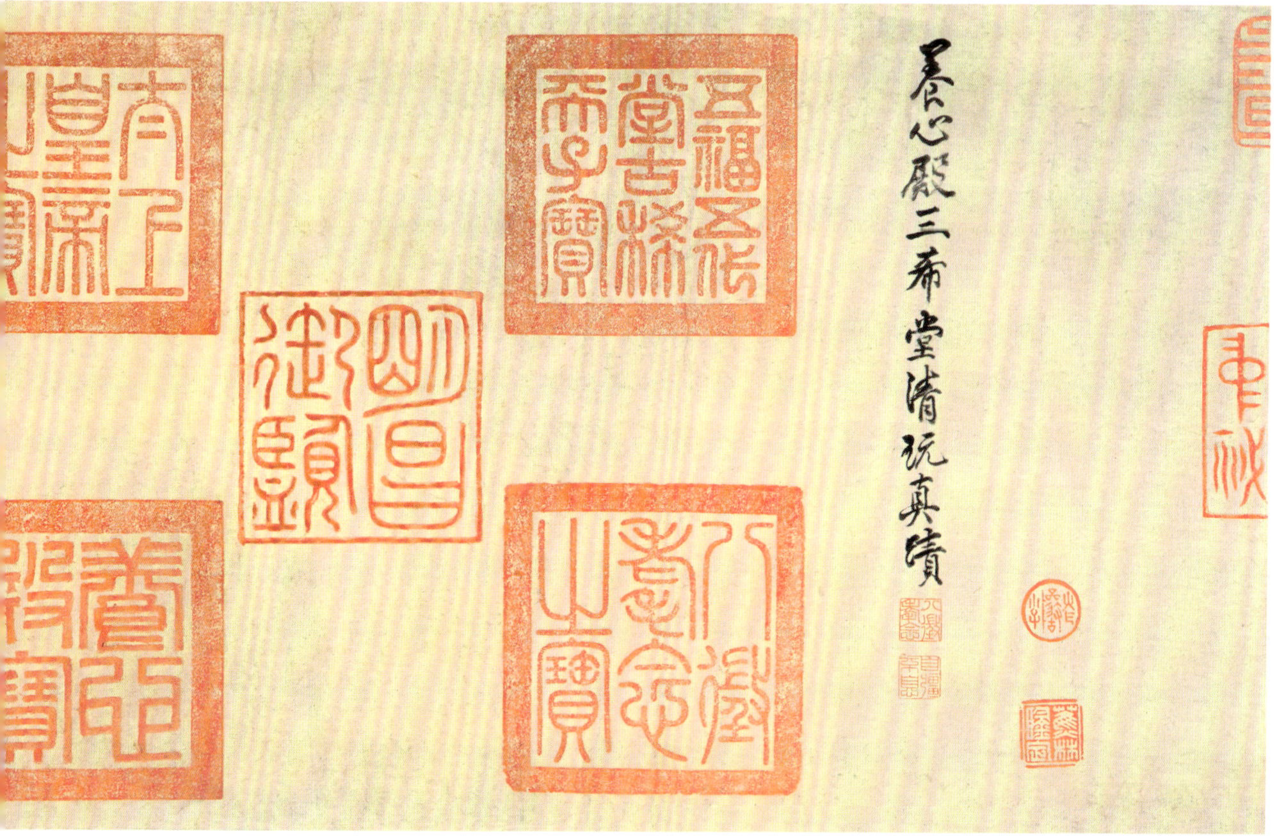
養心殿三希堂清玩真蹟

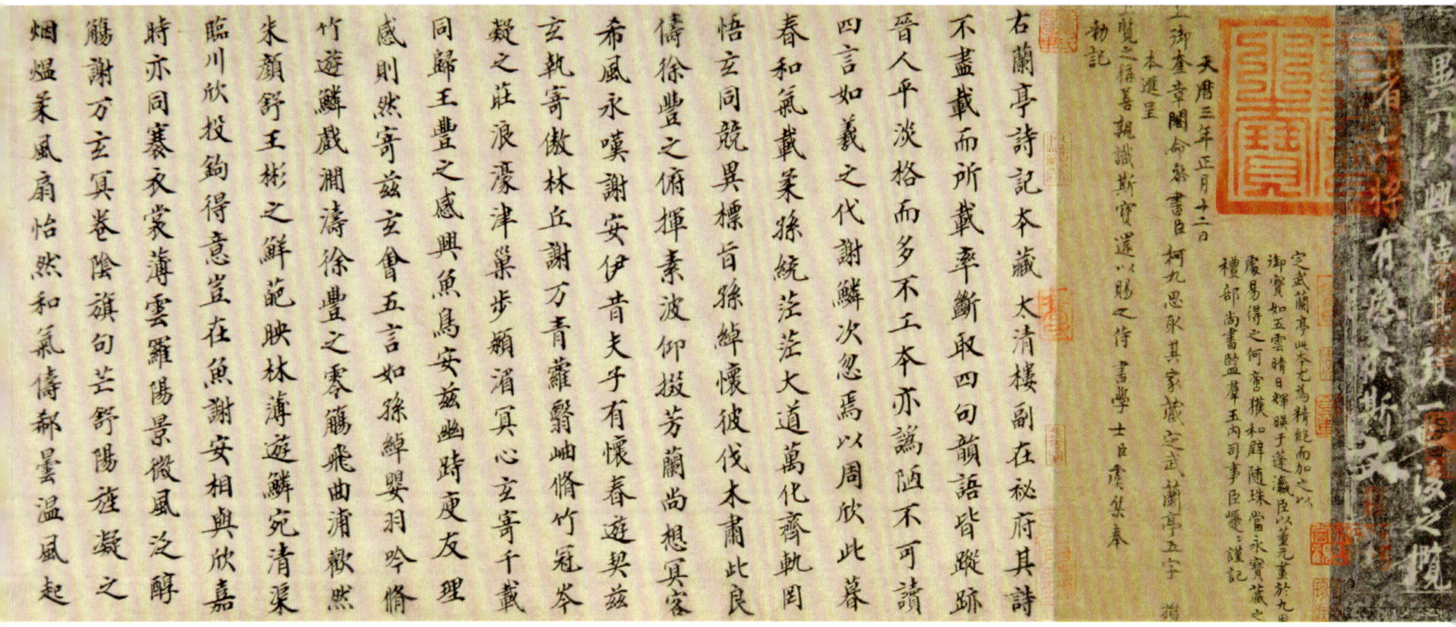

定武蘭亭此本尤為精絕而加之以
御寶如五雲晴日輝映于蓬瀛臣以董元畫於九
處易得之何啻獲和璧隨珠當永寶藏之
禮部尚書監羣玉内司事臣巙巙謹記

天曆三年正月十二日
上御奎章閣命參書臣柯九思取其家藏定武蘭亭五字損本進呈
上覽之極善親識斯寶還以賜之侍書學士臣虞集奉
勅記

右蘭亭詩記本藏太清樓副在秘府其詩
不盡載而所載率斷取四句韻語皆蹤跡
晉人平淡格而多不工本亦譌陋不可讀
四言如羲之代謝鱗次忽焉以周欣此暮
春和氣載柔孫統茫茫大道萬化齊軌罔
悟玄同競異標旨孫綽懷彼伐木肅此良
儔徐豐之俯揮素波仰掇芳蘭尚想冥客
希風永嘆謝安伊昔先子有懷春遊契茲
玄執寄傲林丘謝万青蘿翳岫脩竹冠岑
凝之莊浪濠津巢步潁湄冥心玄寄千載
同歸王豐之感興魚鳥安茲幽跱庾友理
感則然寄茲玄會五言如孫綽嬰羽吟脩
竹遊鱗戲瀾濤徐豐之零觴飛曲渚歡然
朱顏舒王彬之鮮葩映林薄遊鱗究清渠
臨川欣投鉤得意豈在魚謝安相與欣嘉
時亦同褰衣裳薄雲羅陽景微風泛醇
觴謝万玄冥卷陰旗句芒舒陽旌凝之
烟煴柔風扇怡然和氣儔郗曇溫風起

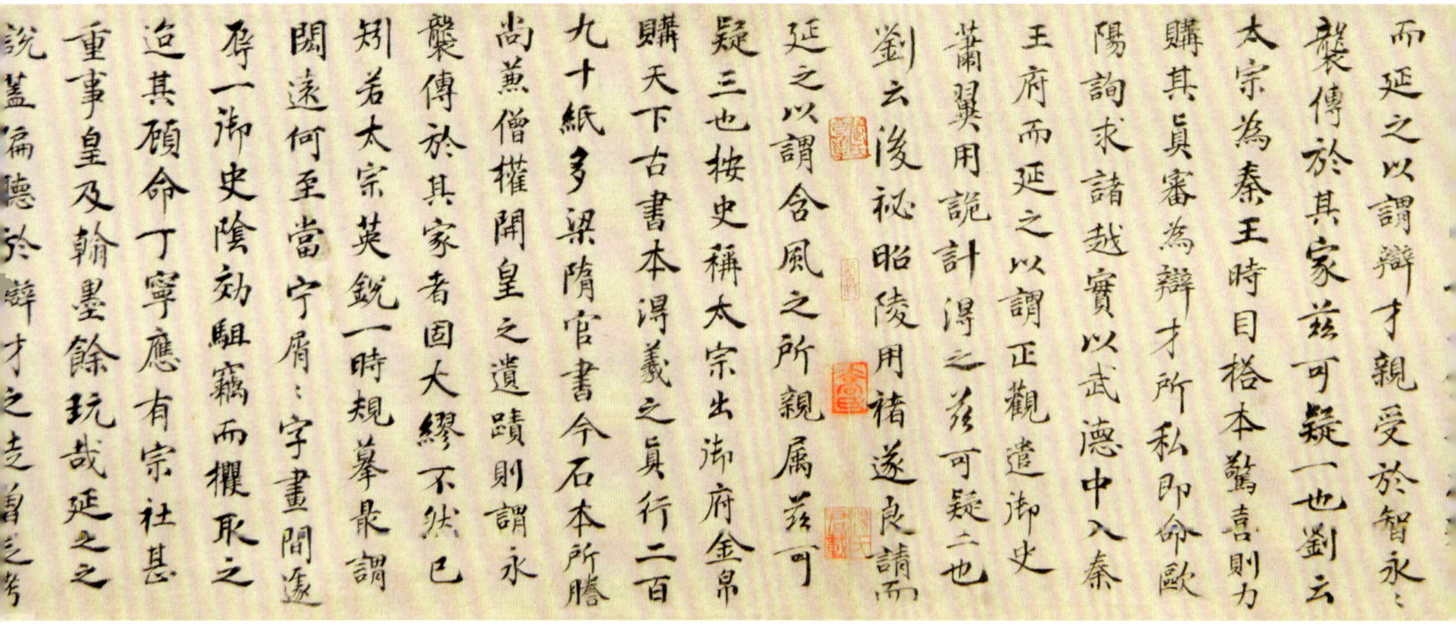

而延之以謂辯才親受於智永永
襲傳於其家茲可疑一也劉云
太宗為秦王時目搨本驚喜則力
購其真審為辯才所私即命歐
陽詢求諸越賓以武德中入秦
王府而延之以謂正觀遣御史
蕭翼用詭計得之茲可疑二也
劉云後祕昭陵用褚遂良請而
延之以謂合風之所親屬茲可
疑三也按史稱太宗出御府金帛
購天下古書本得羲之真行二百
九十紙多梁隋官書今石本所謄
尚兼僧權開皇之遺蹟則謂永
襲傳於其家者固大繆不然已
別若太宗英銳一時規摹最謂
閎遠何至當宁屑屑字畫間遂
辱一御史陰効駔竊而攫取之
迨其顧命丁寧應有宗社甚
重事皇及翰墨餘玩哉延之之
說蓋偏聽於辯才之徒自是考

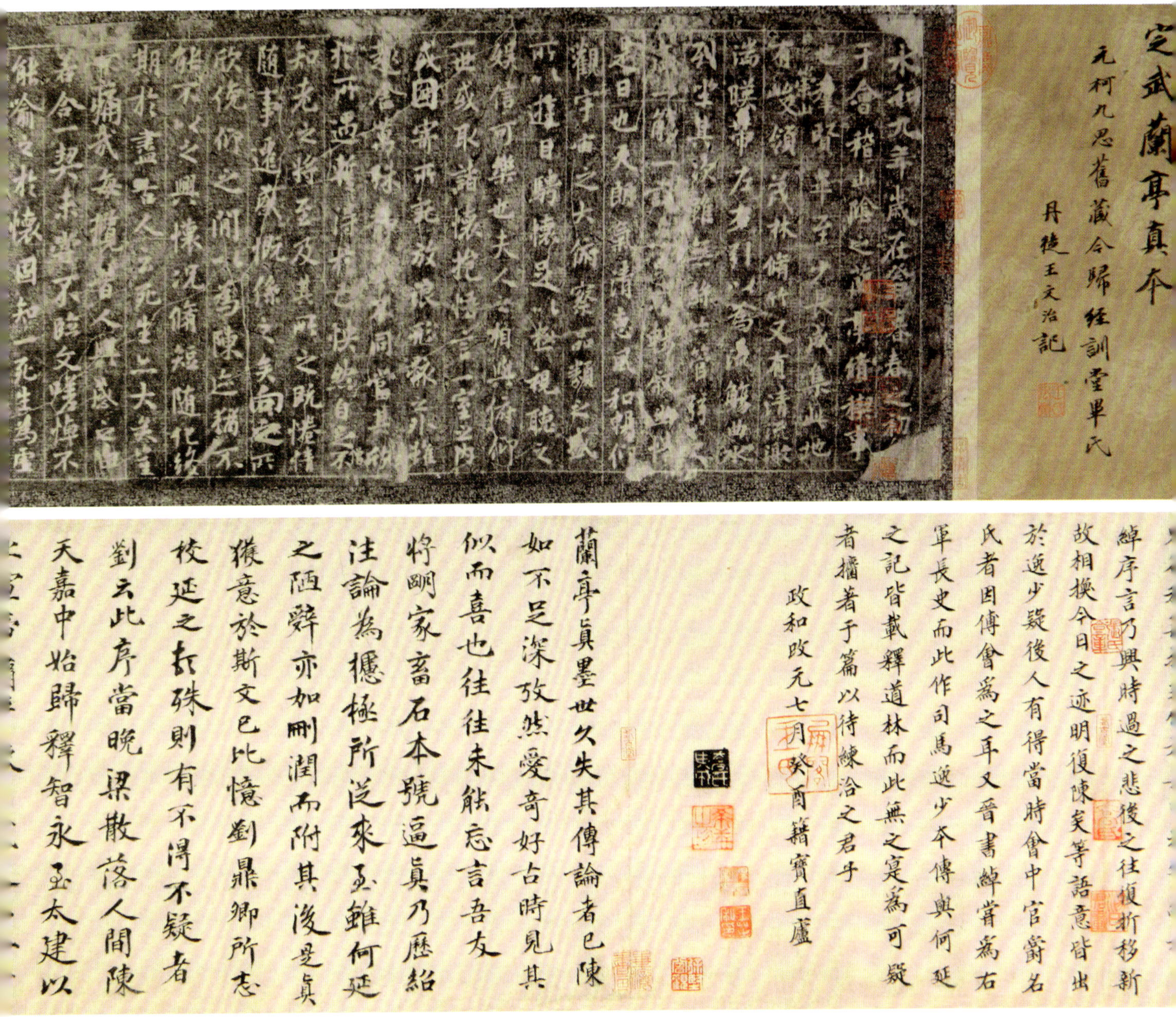

图29 《定武兰亭》 台北故宫博物院藏

柯九思于1330年进呈，文宗亲识"天历之宝"赐还之；后又为康里子山以董源画易去。

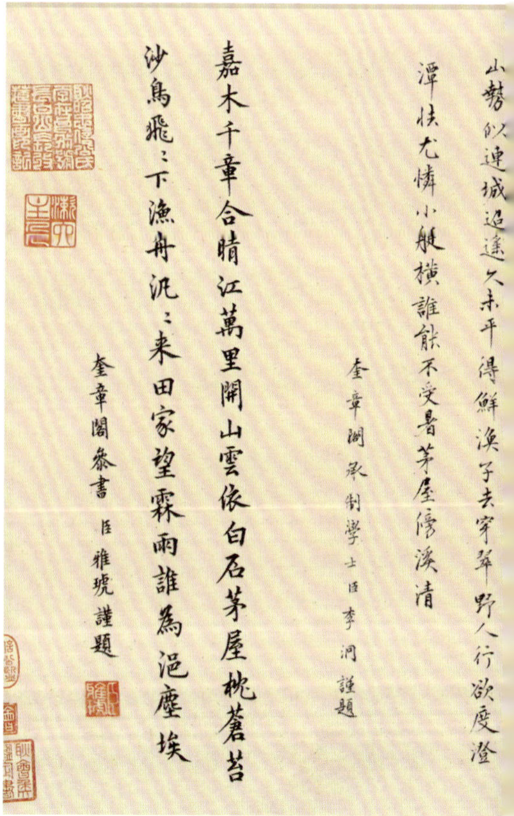

图30b　五代　董源《夏景山口待渡图卷》（卷尾）

元奎章阁收藏，奎章阁诸臣跋董源《夏景山口待渡图卷》，有柯九思1330年鉴定跋。

图30a 五代 董源《夏景山口待渡图卷》（卷首） 辽宁省博物馆藏

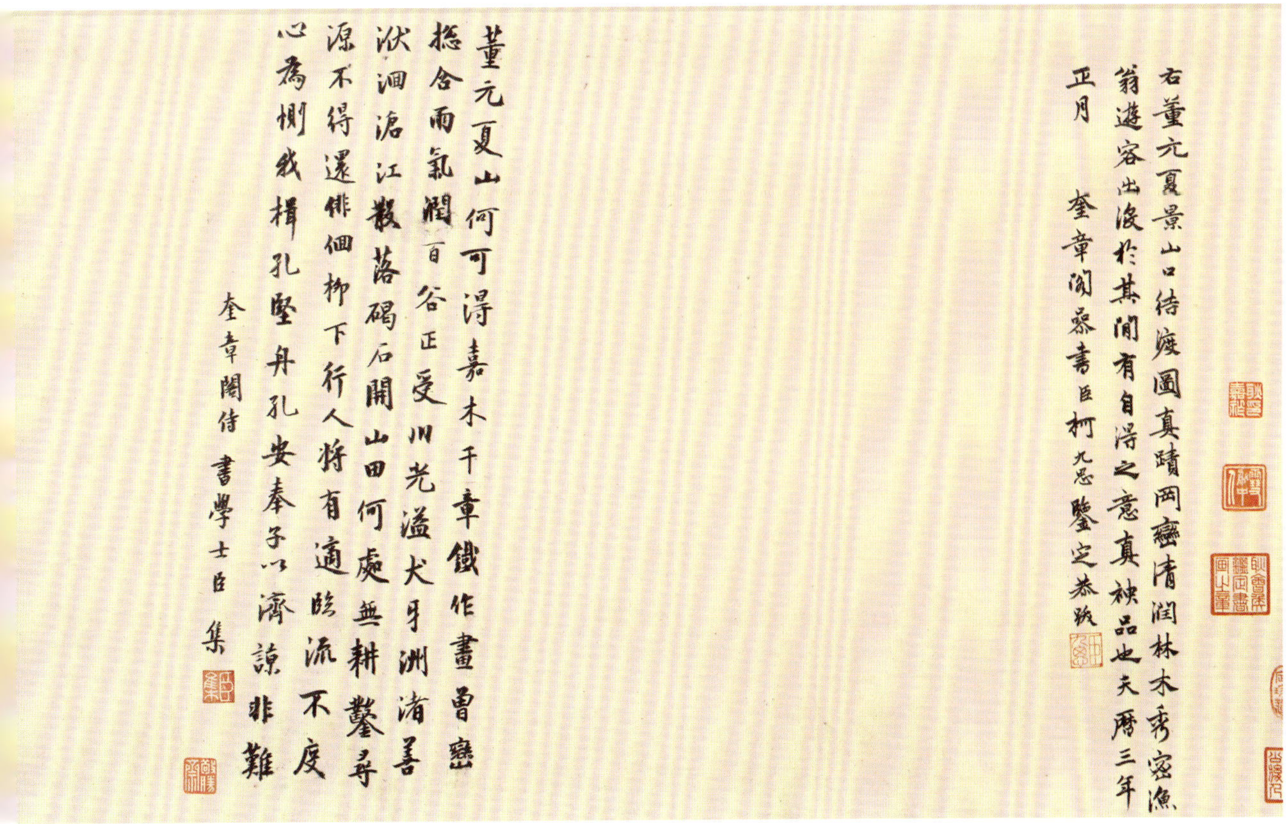

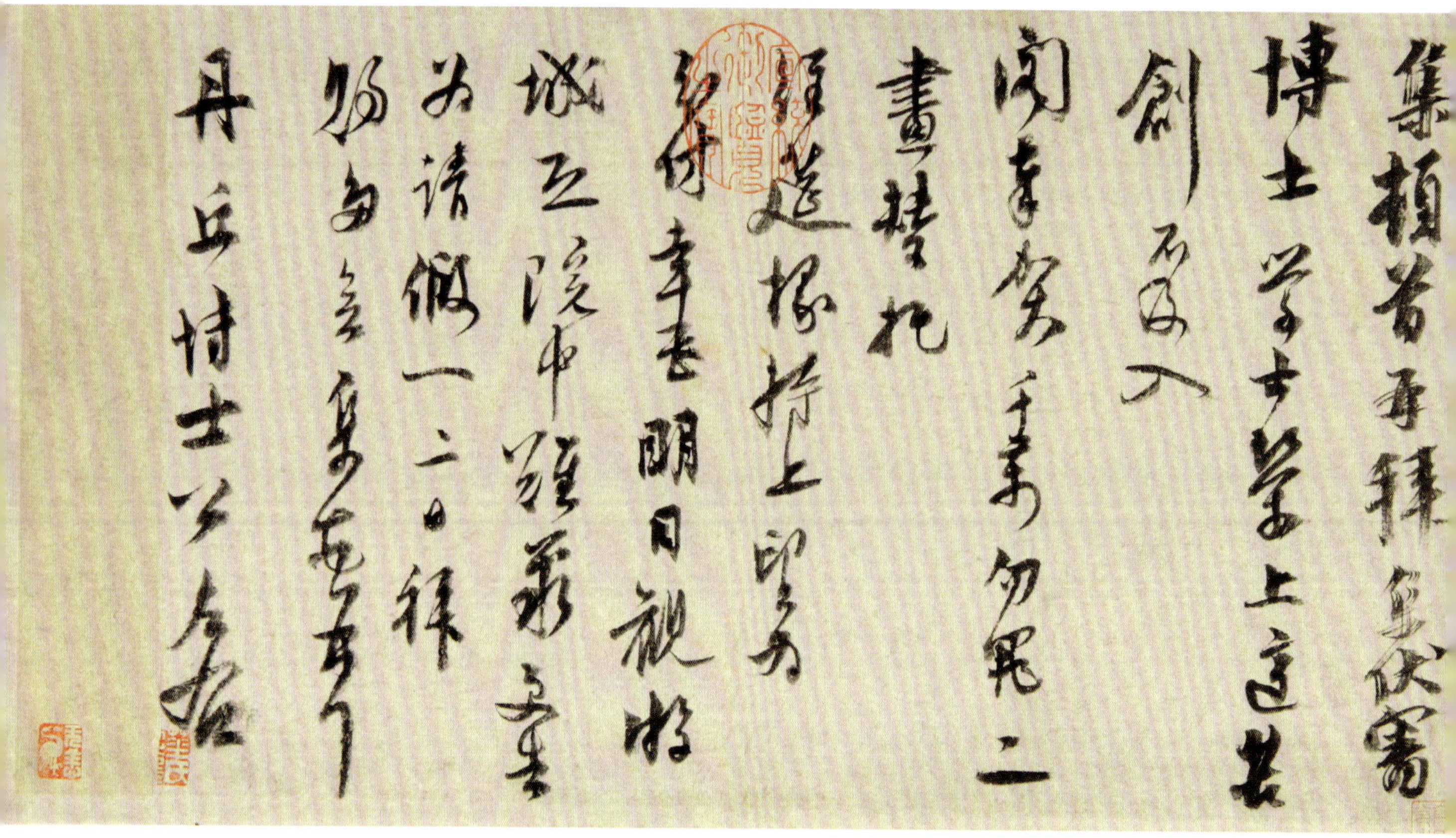

图31　元　虞集《致柯丹丘博士札》　台北故宫博物院藏
天历三年正月廿五日柯氏为鉴书博士，适虞集苦创，不及入阁奉贺。

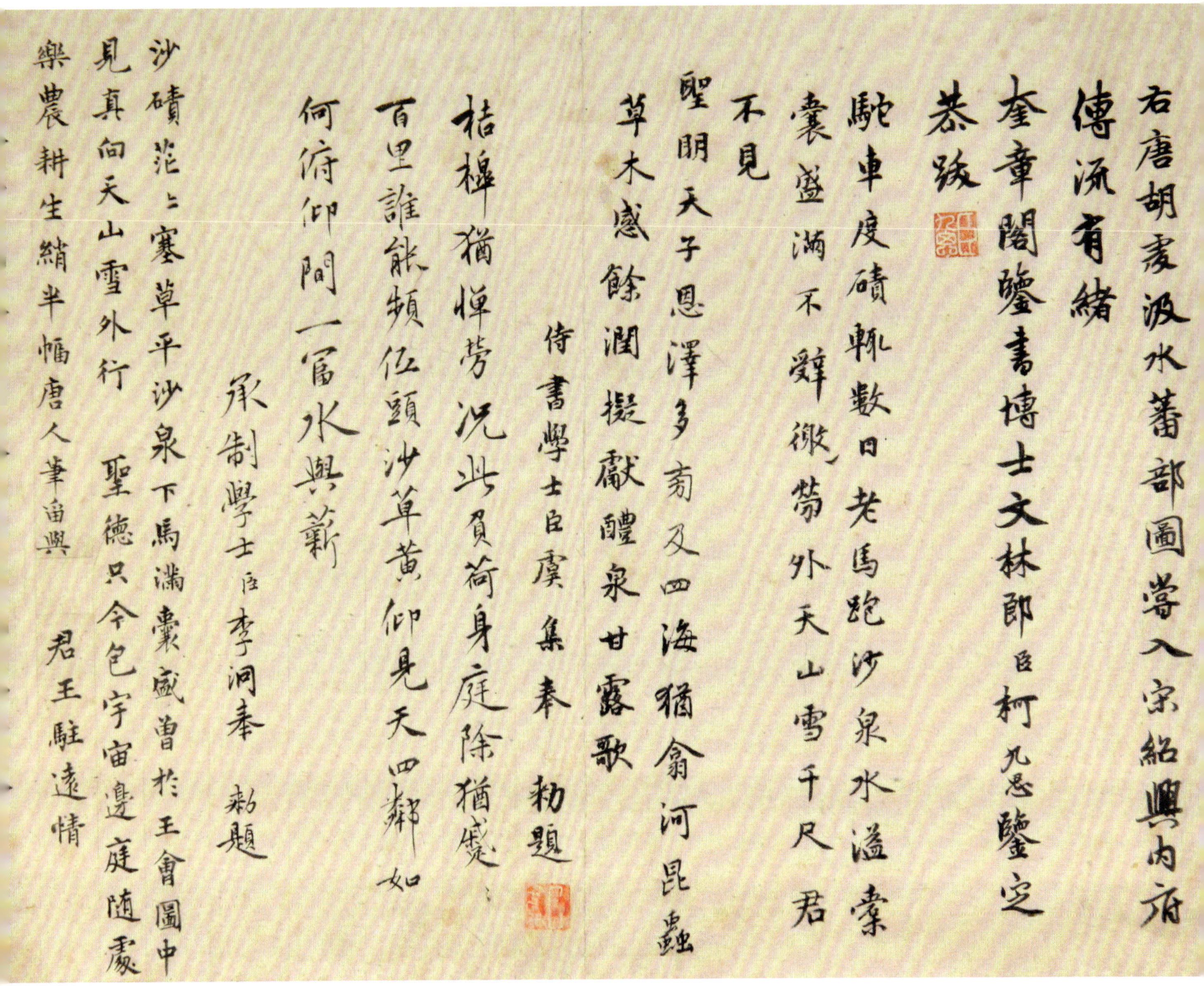

图32 奎章阁诸臣——柯九思、虞集、李泂、揭傒斯题唐胡虔《汲水蕃部图》 台北故宫博物院藏

至顺二年（1331）

孟春三日，文宗御书《奎章阁记》于奎章阁。（按该文出自虞集手笔，见前）后杨瑀等被赐墨本，特以“天历”“奎章”二宝印识于其上。（《山居》页11）

三月，御史台臣言：“奎章阁参书雅琥，阿媚奸臣，所为不法，宜罢其职。”从之。（《元史》文宗本纪，卷三五，页90）

四月戊申，皇姑大长公主薨。（同前）

四月，奎章阁以修《经世大典》，请从翰林国史院取《脱卜赤颜》（按即《起居注》）一书，纪累朝故事，学士承旨押不花言，此秘禁国书，非可令外人传写，不与。

四月望，奎章阁学士院鉴书博士文林郎柯九思为高昌正臣撰书石屏记。（《式古书考》卷一八，页182）

五月，奎章阁学士院纂修皇朝经世大典成。（《吉川文》页27）

夏，文宗巡上京，行幸之次日，阅其良，于是五云之骥出焉，盖神骏之尤杰者也……于是命善工图形，藏诸内阁，虞集作《御马五云骥图赞》。（《道园》卷二一，页196，亦未记画家姓氏）

六月，特命河南儒士吴炳为艺文监典簿。（《文宗本纪》卷三五，页90）

九月，御史台臣劾奎章阁监（鉴）书博士柯九思，性非纯良，行极矫谲，挟其末技，趋附权门，请罢黜之。（《文宗本纪》卷三五，页91）

秋，以御书奎章阁记刻本赐铎尔直，乃请黄溍作跋，内云：“凡墨本悉识以天历之宝，或加用奎章阁宝，应赐者必阁学士，画旨具成，案持诣榻前覆奏，然后予之，非文学侍从近臣为上所知遇者，未尝轻畀。”（《金华黄先生文集》卷二一，页202）

十一月，文宗遣内侍至马祖常门，赐祖常御书《奎章阁记》碑本一幅。（《石田先生文集》卷八《御书奎章阁记赞序》）

至顺三年（1332）

二月，燕铁木儿兼奎章阁大学士，领奎章阁学士院事。（《文宗本纪》卷三六，页92）

四月，命奎章阁学士院以国字译《贞观政要》，镌版模印，以赐百官。（同上）

五月，撒迪请备录皇上登极（基）以来固让大凡、往复奏答，其

余训敕辞命，及燕铁木儿等宣力效忠之迹，命朵来续为蒙古《脱卜赤颜》一书，置之奎章阁，从之。（《文宗本纪》三六，页92）

五月十七日，上在圣殿之穿廊，奎章阁大学士臣阿荣侍正臣阿鲁辉侍焉。臣（康里）进呈先所赐御书刻永怀字，上览之良久，遂命群玉佥司高志，印天历之宝，奎章阁宝于宸翰之左右而还焉。正议大夫礼部尚书监群玉内司领会同馆事臣巎巎再拜谨识。（《湘管斋寓赏编》卷一，页53）

约是年前后，一日揭傒斯入值奎章阁，上适至，左右奉法书名画珍玩器物以进，公历陈其制作之年世，与其人之氏名，为之坐阅移时。（《金华黄先生文集》卷二六，页266，《揭公神道碑》）

自天历三年（1330）正月柯九思任命为鉴书博士后，柯氏曾与其他奎章阁学士院属官题胡虔《汲水蕃部》，录各人款识如下【图32】：

奎章阁鉴书博士文林郎臣柯九思鉴定恭跋；

侍书学士臣虞集奉敕题；

承制学士臣李泂奉敕题；

授经郎从仕郎臣揭傒斯奉敕题。（《故宫周刊》第七册、《故宫法书》第十八辑、《柯九思史料》页90。其他柯九思自署鉴书博士款而无纪年者尚多，皆不录于此。因柯氏于其离职之后，其题跋署款往往仍加鉴书博士衔，故往往无从肯定其是否为其任内所题。）

五月，文宗将有上都避暑之行，柯九思乘间乞补外调，中书竟格诏不行。（《柯谱》，页194）

八月己巳，文宗崩，寿二十有九。（《文宗本纪》卷三六，页93）

十一月己巳，宁宗诏翰林国史集贤院奎章阁直学士院集议先皇帝（文宗）庙号神主。（《宁宗本纪》卷三七，页93）

元统元年（至顺四年）（1333）

约是年柯九思离京南下，流寓吴中。（《柯谱》）

四月五日，顺帝在延春阁，盛熙明因奎章阁承制学士沙剌班以其所著《法书考》进，上方留神法书，览之彻卷，亲问八法旨要，命藏之禁中，以备亲览。（《法书考·揭傒斯序》）

六月，命伯颜为太师中书右丞相上柱国监修国史，兼奎章阁大学士领学士院。（《顺帝本纪》卷三八，页94）

八月，虞集谢病归临川。（《虞文靖公年谱》）

是年，王守诚四十一岁，除奎章阁鉴书博士。（《元史》卷一八三，页424，《柯谱》，页195）

元统间（1333—1334）杨瑀为奎章阁属官。杨以龟纽白玉印进呈，上命篆二小玺，一曰“明仁殿宝”，一曰“洪禧”。时革去群玉内司，并入艺文监，揭傒斯为艺文监丞，晴雨必到。（《山居新话》页5、15、20）

元统二年（1334）

七月，顺帝幸大安阁，是日宴侍臣于奎章阁。（《顺帝本纪》卷三八，页94）

至元元年（1335）

闰十二月，御史大夫撤，加银青荣禄大夫，领奎章阁，知经筵事。（《顺帝本纪》卷三八，页95）

至元二年（1336）

十二月，诏省院台翰林集贤奎章阁太常礼仪院礼部官定议宁宗皇帝尊谥庙号。（《顺帝本纪》卷三九，页96）

至元四年（1338）

四月，命阿吉剌为奎章大学士兼知经筵事。（《顺帝本纪》卷三九，页97）

至元六年（1340）

三月，以治书侍御史达识帖睦尔为奎章大学士，翰林直学士揭傒斯为奎章阁供奉学士。（《顺帝本纪》卷四〇，页97）

七月，命翰林学士承旨腆哈、奎章阁学士巎巎等删修《大元通制》。（《顺帝本纪》卷四〇，页98）

十一月，罢奎章阁学士院。（《元史》卷九二《百官志》四一，页240）

十二月，罢天历以后增设太禧宗禋等院及奎章阁。（《顺帝本纪》卷四〇，页98。此条与《百官志》在时间上相差一月，并无大碍，因详略不同，姑并存之。）

三、奎章阁时代的书画收藏

元文宗时内府收藏的书画，其标志是“天历之宝”及“奎章阁宝”两方巨印【图21】，根据杨瑀，这二印是由虞集篆文的。[26]“天历之宝”的使用年代，照理是从制印时起，大约从天历二年（1329）二月成立奎章阁学士院之后，直到天历三年（1330）五月改年号为至顺止；但是在至顺元年文宗御书《奎章阁记》，以拓本赐给近臣的时候，仍然是“天历”“奎章”二宝并用，或只用“天历之宝”。不过我们相信在文宗去世之后，别的皇帝不会再用他的“天历之宝”。因此，此印的下限年代当在至顺三年（1332）的八月。

至于“奎章阁宝”的使用年代，虽然可能与“天历之宝”相终始，但是奎章阁在文宗卒后，是继续存在的，一直到至元六年（1340）年底，才罢奎章阁学士院。因此在推理上，“奎章阁宝”的使用下限是可以到1340年的。

奎章阁的藏品，并无目录传世，此处只能就现存古书画，将钤有此二印或二印之一的作品集合在一起，数量仍极有限，其不能代表当时内府的收藏，至为显然。不过，文宗虽然奖助了当时的艺文赏鉴活动，他本人对书画的兴趣或者说是收藏欲，是远不及徽宗、高宗或章宗的，他常常赐还柯九思进呈的作品，就能说明此点。至于他是否曾主动搜集，也值得怀疑。现将有二印的作品列于后：

（一）天历之宝

此印虽小于“奎章阁宝”，但也有8.4厘米见方，在历代内府收藏印中，也算是大印了。此印有宽边，更显庄重，文字排列对称而不板滞，笔画重叠而仍流动，篆书出于虞集，篆者刻者都是高手，一印在焉，灿然夺目。以下将所知书画作品有此印者简述之：

（1）名画

1、董源《夏景山口待渡图》，今藏辽宁省博物馆，见该馆藏画集。经柯九思鉴定，并虞集、李泂等题诗。（《大观录》卷一二，页13）【图30a、图30b】

2、关仝《关山行旅图》轴，今藏台北故宫博物院，见《故宫名画三百种》三九图。

【26】《山居新话》页15。

图27b　南唐　赵斡《江行初雪图》(局部)　台北故宫博物院藏
元文宗手书“神品上”三字于“天历之宝”之左。

图33 五代 荆浩《匡庐图》 台北故宫博物院藏 上有元文宗书"神品上"

3、赵幹《江行初雪图》卷，今藏台北故宫博物院。（见《故宫名画三百种》五十图）。据吴升《大观录》云："元文宗鉴赏，楷书'神品'二字，压'天历之宝'于右"【图27b】，定"神品"二字为文宗书，不知何据，但极有可能。文宗手迹不多见，与此二字近似者，唯台北故宫博物院荆浩《匡庐图》轴。【图33】（按原迹，文宗所书实为"神品上"三字）。

4、传范宽《雪山萧寺》团扇，波士顿美术馆藏。（见喜龙仁编《中国画》第三册一五七图）。【图34】

5、宋人《梅竹聚禽图》轴，台北故宫博物院藏。此图为花鸟画中剧迹，画轴高大，故"天历""奎章"二宝不显其大。（见《故宫名画三百种》一三六图及《宋画精华》等书）。【图35】

6、宋徽宗《腊梅山禽图》轴，台北故宫博物院藏。（见前书八九图）。【图36】

7、宋徽宗《五色鹦鹉图》卷，波士顿美术馆藏。（见喜龙仁编《中国画》第三册二三九图）。【图37】

8、宋徽宗《芙蓉锦鸡图》轴，台北故宫博物院藏。【图38】

9、宋人《高冠柱石》团扇，台北故宫博物院藏。为纨扇画册之一页，见《宋画精华》上册九图。

10、传王振鹏《龙舟图》团扇，波士顿美术馆藏。（见《克里夫兰美术馆元代艺展目录》二〇二图）。

11、传宋赵光辅画《蛮王礼佛图》卷，克里夫兰美术馆藏，见该馆一九五八年三月号馆刊*Bulletin*。【图39】

以上各画，都是五代和宋人的剧迹，各画上的"天历"印都是真印，其中《龙舟图》传为王振鹏作。王氏作品曾谓皇姊珍藏，故其作品在奎章阁中出现，并钤有"天历之宝"，不是没有可能；但我个人认为此画可能为南宋人作品，与台北故宫博物院所藏李嵩的《龙舟图》方册，相去不远。其定名为王氏画，只是根据阮元的题识而已。此画上"妙品"二字，或以为文宗的手迹，但比较赵幹画上的"神品"二字，后者用笔生拙，有很大可能出于文宗手笔；而《龙舟图》上"妙品"二字，蕴藉而纯熟，出于老手，享寿只有二十九岁的文宗，是否能到如此程度，是极为可疑的。至少，与赵幹画上的"神品"二字，不出于一手。

（2）“天历”印真伪不明之画迹

1、宋徽宗《祥龙石图》卷，《张大千风堂名画集》一集八图。（未见原迹）【图40】

2、传尉迟乙僧《护国天王像》（《故宫书画录》卷八，页53。按佛利尔亦有一轴，印借伪。）【图41a、图41b】

3、传南齐王齐翰《采芝仙图》（《故宫书画录》卷八，页13）。

4、传李迪《三顾图》（《故宫书画录》卷八，页57）。

以上徽宗画甚好，然未见原迹，印刷品上此印不可辨，故存疑。其他台北故宫博物院三画虽目睹，而记忆不明，然以伪印之可能较大。

（3）存世伪“天历之宝”印例

1、传夏珪《洞庭秋月图》轴，美国佛利尔美术馆藏。

2、传巨然《山居图》轴，日本斋藤旧藏。（见喜龙仁《中国画》第三册一六九图）

3、无款绢本《山水》轴，美国纳尔逊美术馆藏。

图34　传宋　范宽《雪山萧寺图》团扇
美国波士顿美术馆藏，
上有“天历之宝”半印。

图35　宋人《梅竹聚禽图》　台北故宫博物院藏
画轴正上方有元文宗"天历之宝"及"奎章阁宝"二印。

图36　宋徽宗《腊梅山禽图》　台北故宫博物院藏
右上角有“天历之宝”，左上角有“奎章阁宝”。

图37 宋徽宗《五色鹦鹉图》（局部） 美国波士顿美术馆藏
上有"天历之宝"。

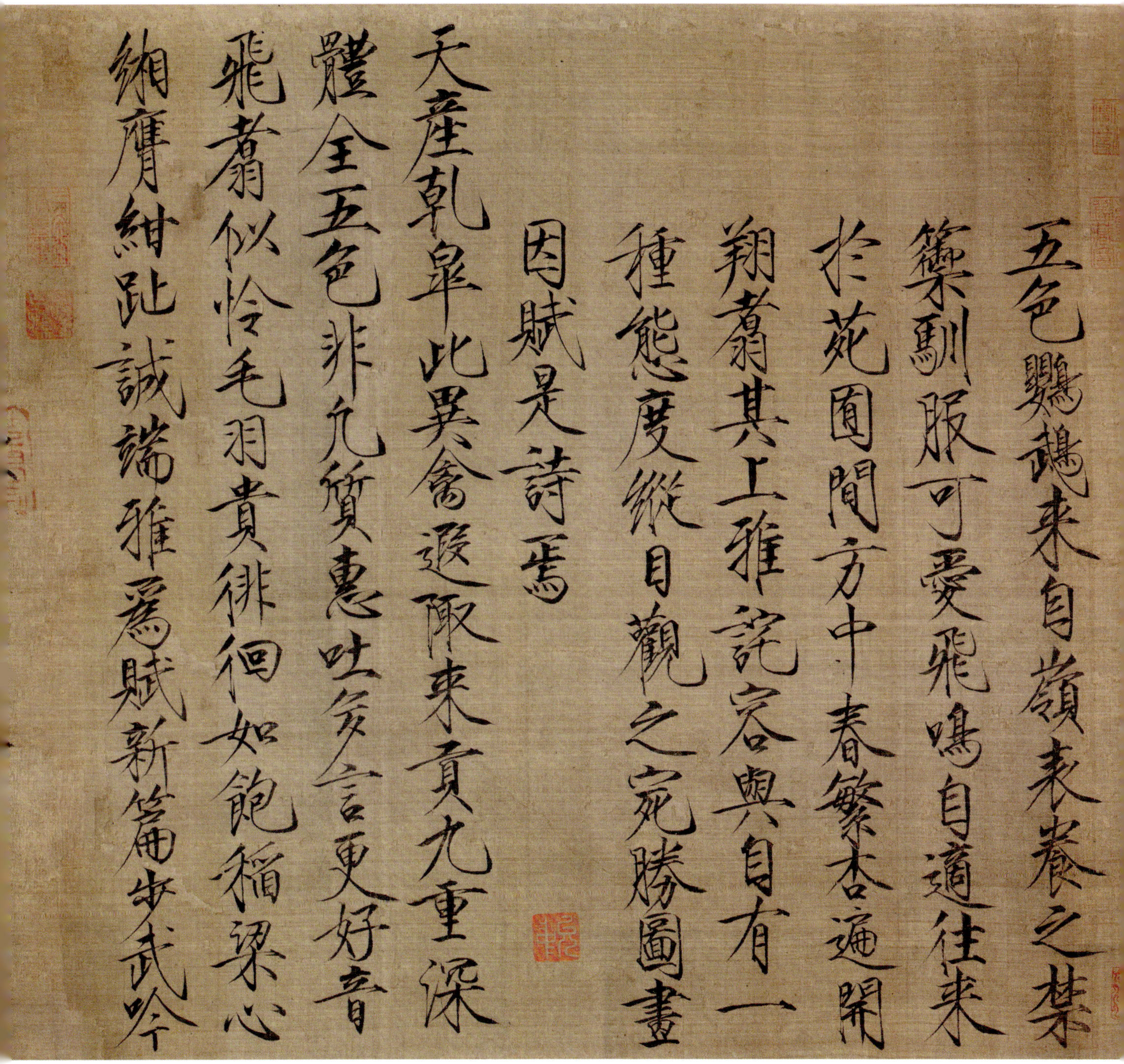
五色鸚鵡来自嶺表養之禁
籞馴服可愛飛鳴自適往来
於苑囿間方中春繁杏遍開
翔翥其上雅詫容與自有一
種態度縱目觀之宛勝圖畫
因賦是詩焉
天產乾皋此異禽遐陬来貢九重深
體全五色非凡質惠吐多言更好音
飛翥似憐毛羽貴徘徊如飽稻粱心
緗膺紺趾誠端雅為賦新篇步武吟

图38　宋徽宗《芙蓉锦鸡图》　台北故宫博物院藏
右上角有"天历之宝"、左上角有"奎章阁宝"。

4、传王诜《鹦鹉图》（萧寿民《中国古画》十二图）。

夏珪轴上“天历”印与真印极为近似，然仍为仿刻；巨然画上“天历”印甚不同，当伪；王诜画印皆伪。

（4）著录中有“天历之宝”画迹例

1、宋许道宁《山居图》（孙承泽《庚子销夏记》卷三，页14）

2、宋张择端《清明上河图》（同前书，卷八，页7）

3、宋刘永年《桃花三兔图》卷（高士奇《江村销夏录》卷一，页30）

4、宋米友仁《大姚村作云山图》卷（安歧《墨缘汇观》卷三，页138）

以上作品虽只见著录，但以三家之赏鉴，其为真印的可能极大。（其他著录中的有关画迹待补）

图39　传宋　赵光辅《蛮王礼佛图》（局部）　美国克里夫兰美术馆藏
卷首右上角有“天历之宝”骑缝半印。

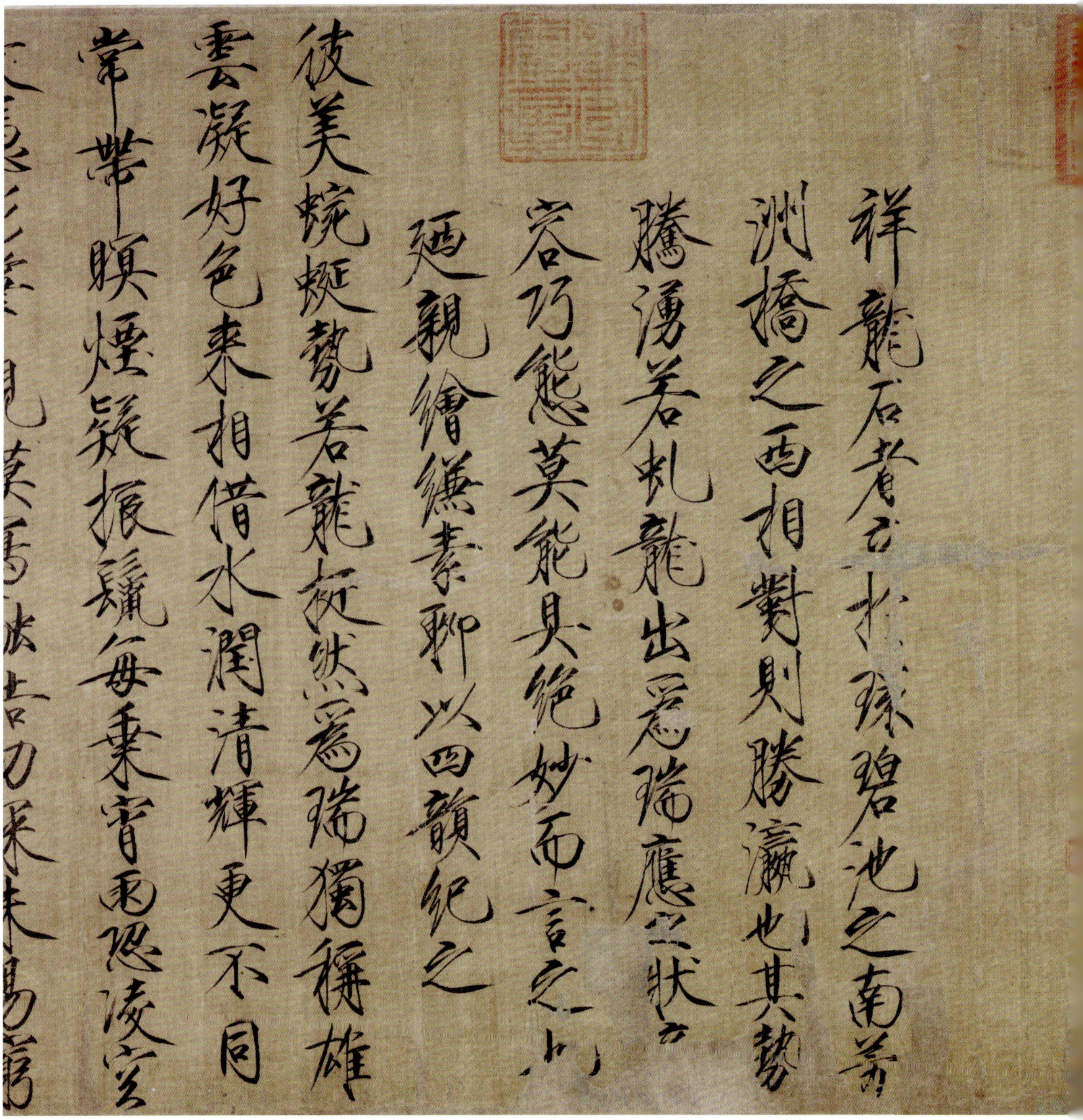

图40 宋徽宗《祥龙石图》（局部） 故宫博物院藏
据记录有“天历之宝”印。

（5）法书

至于传世书法上有“天历之宝”的，都是著名的剧迹：

1、晋人书度尚《曹娥碑》墨迹，辽宁博物馆藏。原由柯九思进呈，时间约在1329年2月奎章阁成立之初。但在同年4月，文宗以此赐还柯九思，并命虞集题记。（参见《年谱》）

2、《定武兰亭》五字损本，台北故宫博物院藏。1330年正月柯九思以家藏此帖进呈，上览之称善，亲识“天历之宝”赐还之，并命虞集题记。（见《年谱》）

3、“兰亭八柱”第一《虞世南临兰亭序》，台北故宫博物院藏。见《兰亭墨迹汇编》。此帖在奎章阁初期，由张金界奴进呈。（见《年谱》1329年2月）

4、王献之《鸭头丸帖》（《上海博物馆法书选集》）。1330年正月十二日，文宗赐柯九思此帖，并命虞集题记。

5、苏轼《寒食帖》，台北王世杰氏藏。（见二玄社《书迹名品》廿四册，学研社卷装精印本）卷首有“天历”之印及司印半印。【图42】

6、黄庭坚《动静帖》（或名《荆州帖》），台北故宫博物院藏。（见《故宫法书》第十辑，为宋十二名家法书册之一。）帖尾有小楷书：“臣柯九思进入”。【图43】

7、宋高宗书嵇康《养生论》（真草二体），三希堂旧藏。（见《三希堂法帖》）【图44】

以上作品中，第一、二、六各帖均为柯九思进呈，其中一、二两帖进呈后不久，即由元文宗赐还柯氏。第四帖可能为元内府旧藏，亦赐柯氏。故七帖中只有其余四帖，可能仍藏于奎章阁中。

除此之外，在台北故宫博物院所藏法书之中，尚有简目中的米芾书《鹡鸰颂》（《故宫书画录》卷八，页3），亦有金章宗藏印及“天历之宝”[27]，然均为伪印，故不列入奎章阁藏品中。

【27】笔者于重理此文之后，曾将过去收集台北故宫博物院藏品中元内府收藏印资料抄寄在台北故宫博物院服务的陈葆真小姐，请她核对。此一米芾书迹，即为其所增的简目作品之一。此外，美国各博物馆有元内府藏印的作品，则由佛利尔的罗覃博士、梁献璋女士、克里夫兰的时凌云女士，以及纳尔逊的武丽生、黄君实二兄等帮助，在此一并致谢。

（6）“天历”印【图21】

此外尚有少数画迹，有“天历”二存联珠印：

1、五代人《秋林群鹿图轴》，台北故宫博物院藏。【图45】

2、五代人《丹枫呦鹿图轴》，台北故宫博物院藏。（以上二图皆见《故宫名画三百种》第二册、《故宫书画录》卷五，页33、34）【图46】

3、传夏珪《长江万里图》卷，台北故宫博物院藏。（《故宫书画录》卷四，页56）【图47】

4、传陆探微《九歌图卷》，美国佛利尔美术馆藏。

以上第一、二两图，画风甚古，当是元以前作品不疑，但“天历”印风格与“天历之宝”甚为悬殊，是否为真印，尚待其他比较资料。至于第三图，虽传为夏珪作，但画是明人风格，故此图上之“天历”印应当不真，画亦不当是奎章阁的藏品。第四图上尚有伪徽宗印多方，故“天历”印是否为真，大有可疑。夏珪卷柯九思题字亦伪。

（7）“天历御览之宝”

古画上有此印者，仅见一：

传范宽《携琴访友图》轴，大英博物馆藏。（《文人画粹编：董源、巨然》图二四）

然此画时代不似宋人，又此印文字不但未见著录，而且“御览之宝”一词入印，以清代为普遍，印亦不佳，当是伪印。

（二）奎章阁宝

此印与“天历之宝”二者皆出自虞集手笔，约10.5厘米见方，较“天历之宝”更为巨大，历代书画收藏印，当以此为巨擘。然为细边，篆法也较松而疏朗，故反不及“天历之宝”来得醒目，古书画上出现此印者也比较少见：

1、宋徽宗《腊梅山禽图》轴，台北故宫博物院藏。（见《故宫书画录》卷五，页66，《故宫名画三百种》图八九）【图36】

2、宋徽宗《芙蓉锦鸡图》轴，台北故宫博物院藏。（见喜龙仁《中国画》第三册图，《故宫花鸟画选》图二）【图38】

3、宋人《梅竹聚禽图》轴，台北故宫博物院藏。（见《故宫书画录》卷五，《宋画精华》上册图五八）【图35】

以上三图均是北宋花鸟画剧迹，且均同时钤有“天历之宝“，都是真印不疑。此印出现于法帖上者只见：

4、苏轼《妙高台诗》，见《晚香堂苏帖》，在虞集题跋之前。

图41a　宋人《护国天王图》　台北故宫博物院藏
据记录有"天历之宝"印。

图41b　宋人《护国天王图》　美国佛利尔美术馆藏

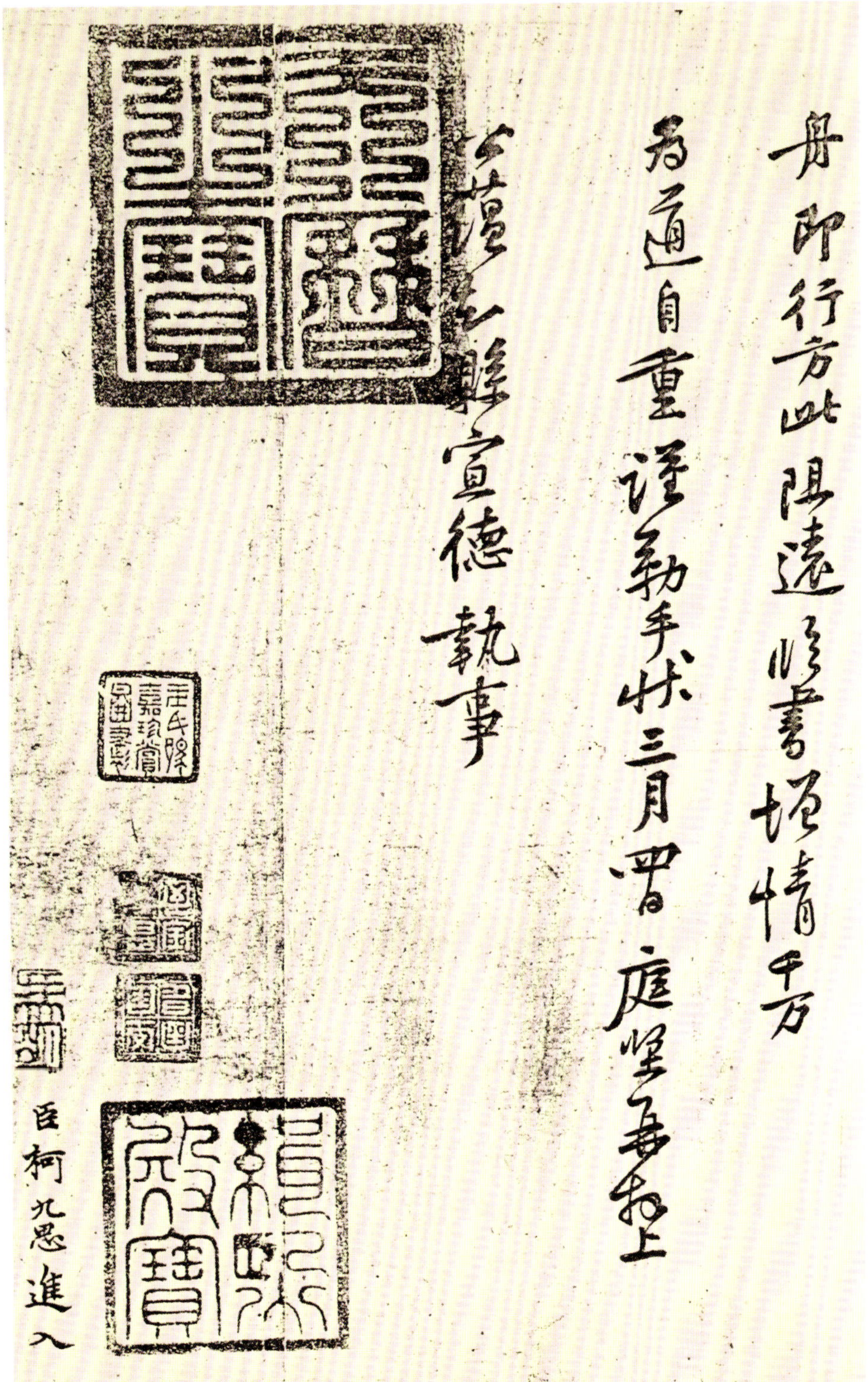

图43　宋　黄庭坚《荆州帖》（致公蕴知县）　台北故宫博物院藏

此帖为柯九思进入内府书画之一。

[附]“（二）奎章阁宝”【图21】

台北故宫博物院所藏的五代人《秋林群鹿图》轴和《丹枫呦鹿图》轴上，除了“天历”二字印外，尚有“奎章”二字印，画古而印不甚佳，二画上二印亦不似同一印章，故有伪印之可能。

（三）奎章阁时代其他藏品

A、虞集题画诗

奎章阁藏品，绝不止于上述钤有“天历”及“奎章”二印之作品。在虞集的《道园学古录》中，其应制录中十六首题古画的诗，其中有两件墨迹尚存于世：

1、董源《夏景山口待渡图》卷（辽宁省博物馆藏）【图30】

2、胡虔《汲水蕃部图》（台北故宫博物院藏，有题无画）【图39】

由于此二件都是文宗时代的内府藏品，均有柯九思的鉴定跋可证，所以其余的十四件画迹，也应当是奎章阁时代的内府藏品，故将其他作品列于后：

3、周怡临韩幹《明皇出游图》

4、《明皇出游图》

5、徽宗画《梨花青禽图》

6、赵千里《小景》

7、蕴能《罗汉图》

8、白乐天《重屏图》

9、燕文贵《小景》

10、赵千里《出峡图》

11、陈闳画《中宗射鹿图》

12、《罗汉图》

13、韩幹《马》

14、曹霸《下槽马》

15、韩晋公滉《土星像》

16、滕昌祐《怀香睡鹅图》

B、柯九思鉴定

以上十四件作品，只见书目，原迹多不存于世。但以下江参一画，虽无“天历”或“奎章”印，却有“臣柯九思鉴定”款，故亦当

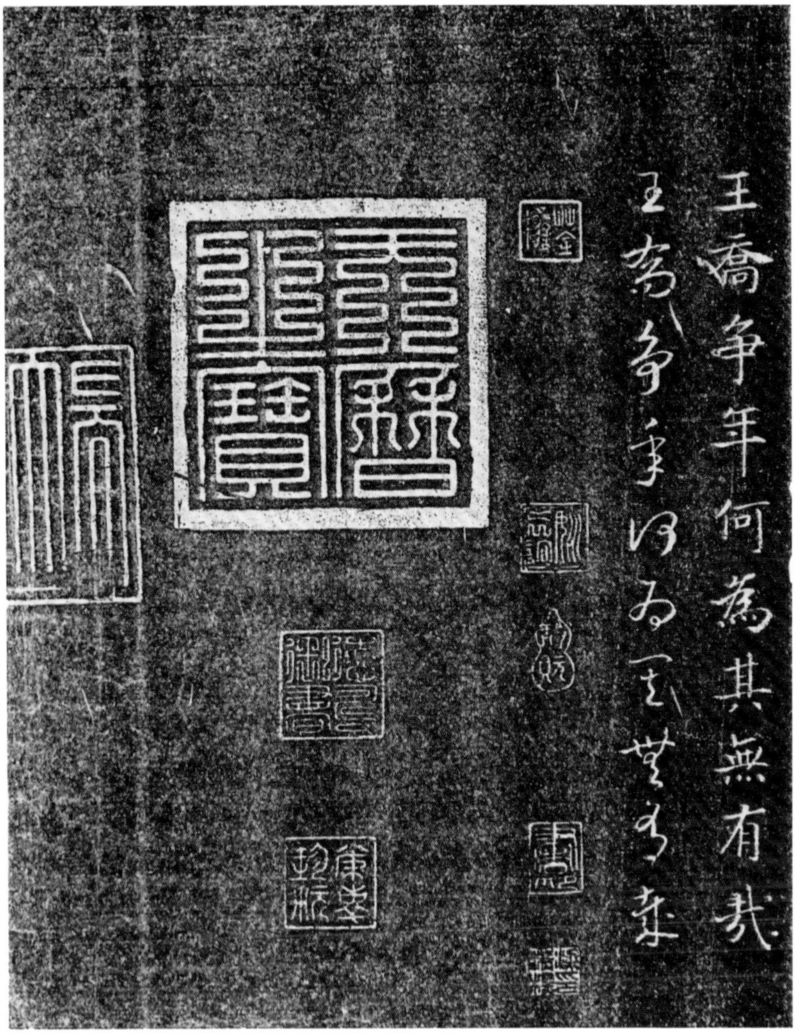

图44　宋高宗《嵇康养生论》(局部)　《三希堂法帖》　上有"天历之宝"及"端本"二印。

时文宗时代奎章阁中的藏品：

宋江参《千里江山图卷》，台北故宫博物院藏。（见《故宫名画三百种》一〇〇图、《故宫书画录》卷四，页46）【图48】

C、揭傒斯题画诗

揭氏为奎章阁授经郎，其应制题内府所藏画，有与上述虞集所题相同者，如胡虔《汲水蕃部图》、韩滉《土星像》、曹将军《下槽马图》，以及韩幹《马》，但另有二画未见虞集题诗者：

1、辛澄《莲花观音像》

2、宋徽宗《成平殿曲宴蔡京图》御画御记

（奎章阁诸臣应制题画诗自不止此数，当续补之。）

D、著录

此外在著录中说明该作品有天历或奎章二印的，数量当不在少

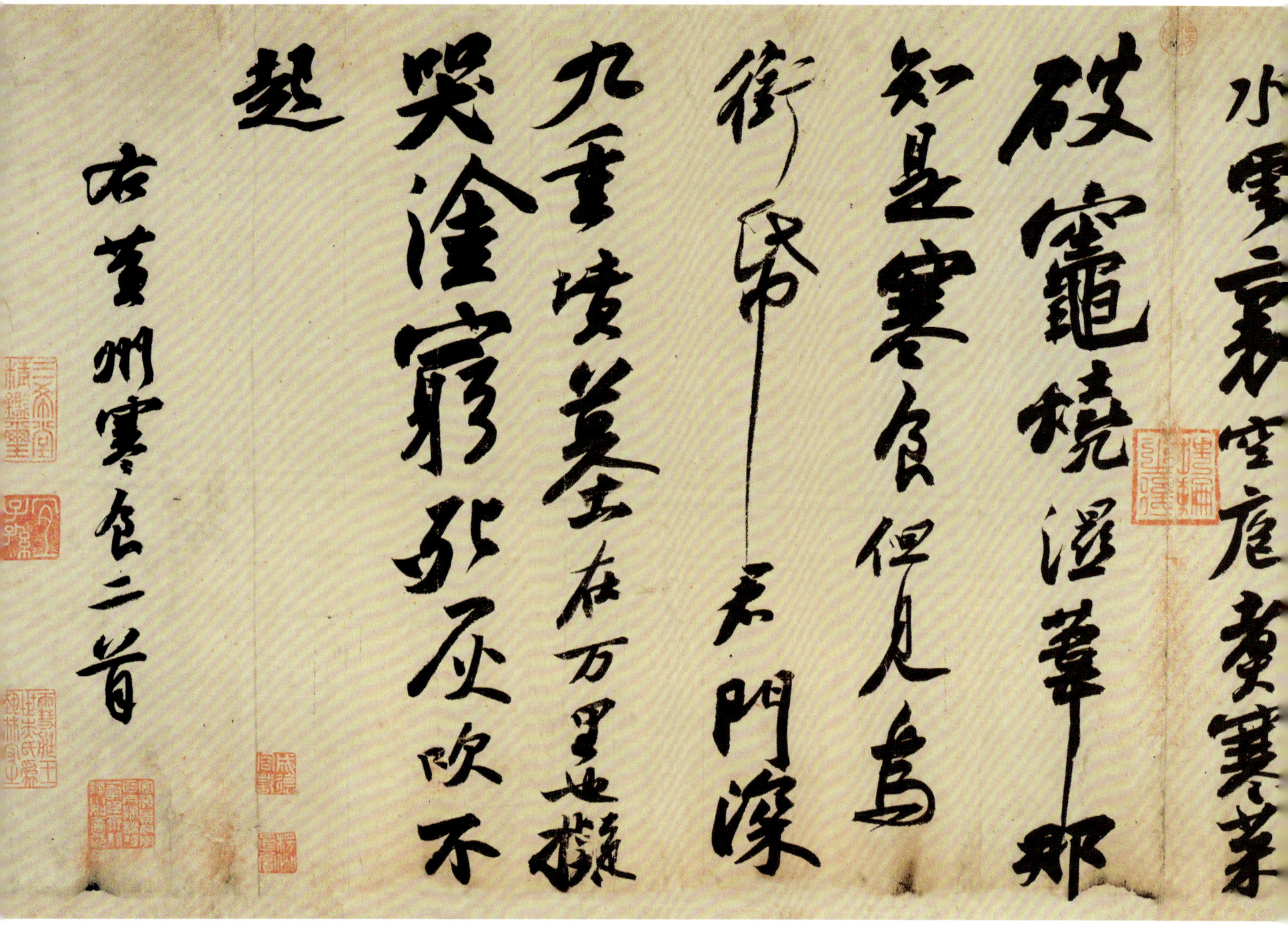

图42　宋　苏轼《寒食诗帖》（局部）
王世杰氏藏　卷首有“天历之宝”。

数，目前所得有：

1、尉迟乙僧《天王像》卷（《式古堂画考》卷九，页358，《大观录》卷一一，页5）此画或即以上所列台北故宫博物院简目中作品。

2、张择端《清明上河图》卷（李日华《紫桃轩又缀》卷二，页52）。今台北故宫博物院本并无“天历之宝”，当是另一本。

3、褚遂良《临右军曲水序》（《式古堂书考》卷五，页233）。以此本有“天历之宝”，故世称“天历兰亭”。据王世贞跋尾谓有张弼题记，今虞世南本《兰亭》（“八柱”之一）即有其跋，故此所谓褚本，或即今日传世之虞世南本。

4、宋徽宗《承平殿曲宴图》，并自制《曲宴记》，在奎章阁壁。（陆友仁《研北杂志》上，页10）

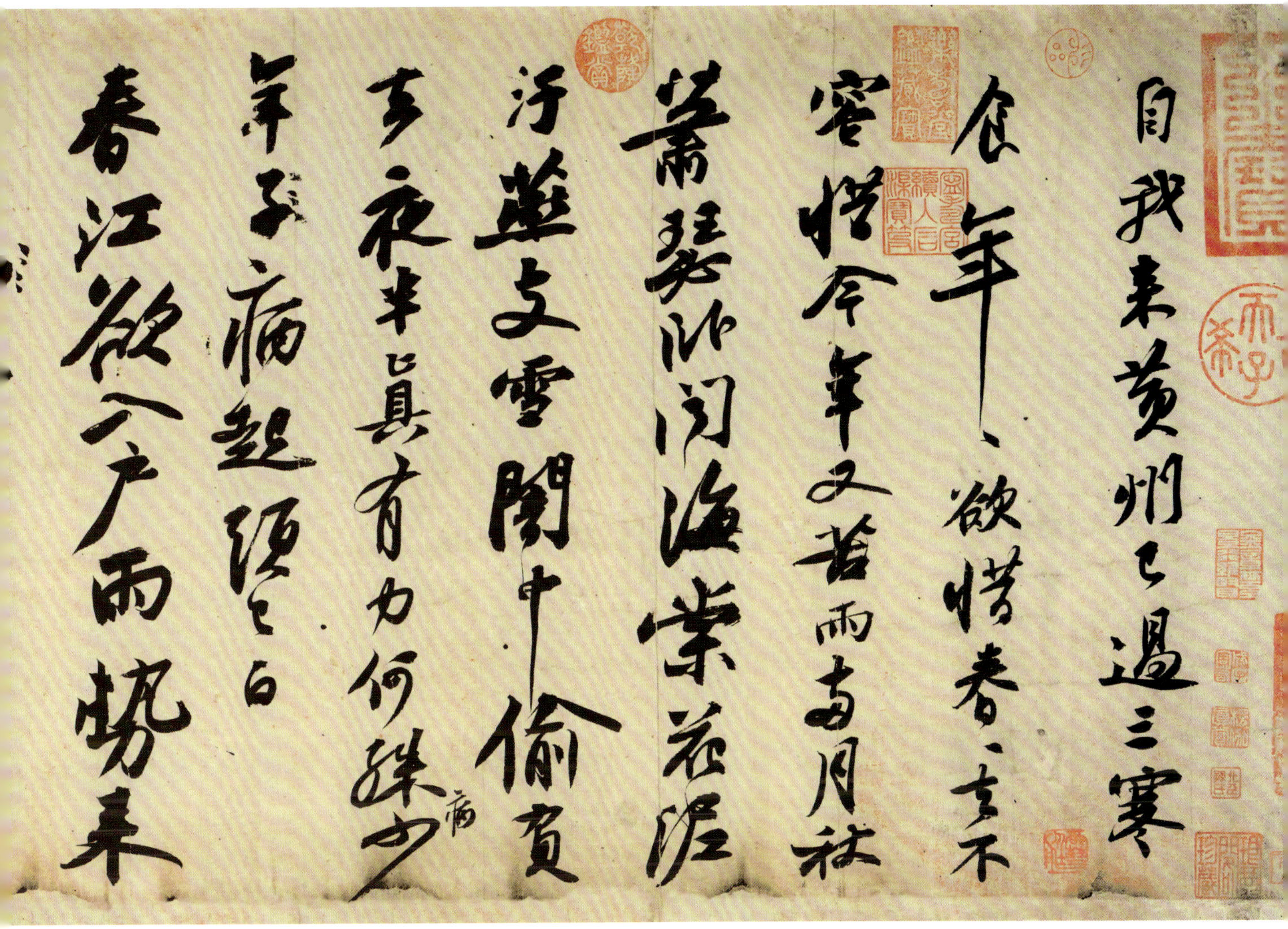

5、杨凝式《韭花帖》。墨迹见百爵斋藏《历代名人法书》，刻本见《三希堂法帖》。据正德壬申贾希朱小楷跋云，此帖旧藏奎章阁，然无印记可据，故列于此。【图49】

6、元孛术鲁翀书诗。《元史》卷一八三《孛术鲁翀传》云："上《天历太庆诗》三章，帝命藏之奎章阁。"

7、《五云骥图》。文宗巡上京见五云骥之神骏，命善工图写，藏诸内阁。（《道园》卷二一，页196）

8、五代阮郜《阆苑女仙图》卷，台北故宫博物院藏。此画无元内府藏印，但元统甲戌（1334）商挺一跋云："观于崇真万寿宫"，可能是为元内府的道观所藏。

校后记：本文交稿后，姜一涵兄寄来《元代奎章阁和宣文阁中的七位鉴书博士》（上篇，《中国学人》第六期），对于奎章阁鉴书博士司，以及柯九思和王守诚均有深入讨论，请读者参阅。

图45　五代　《秋林群鹿图》　台北故宫博物院藏
上有"天历"及"奎章"小玺。

图46　五代　《丹枫呦鹿图》　台北故宫博物院藏
上有"天历"及"奎章"小玺。

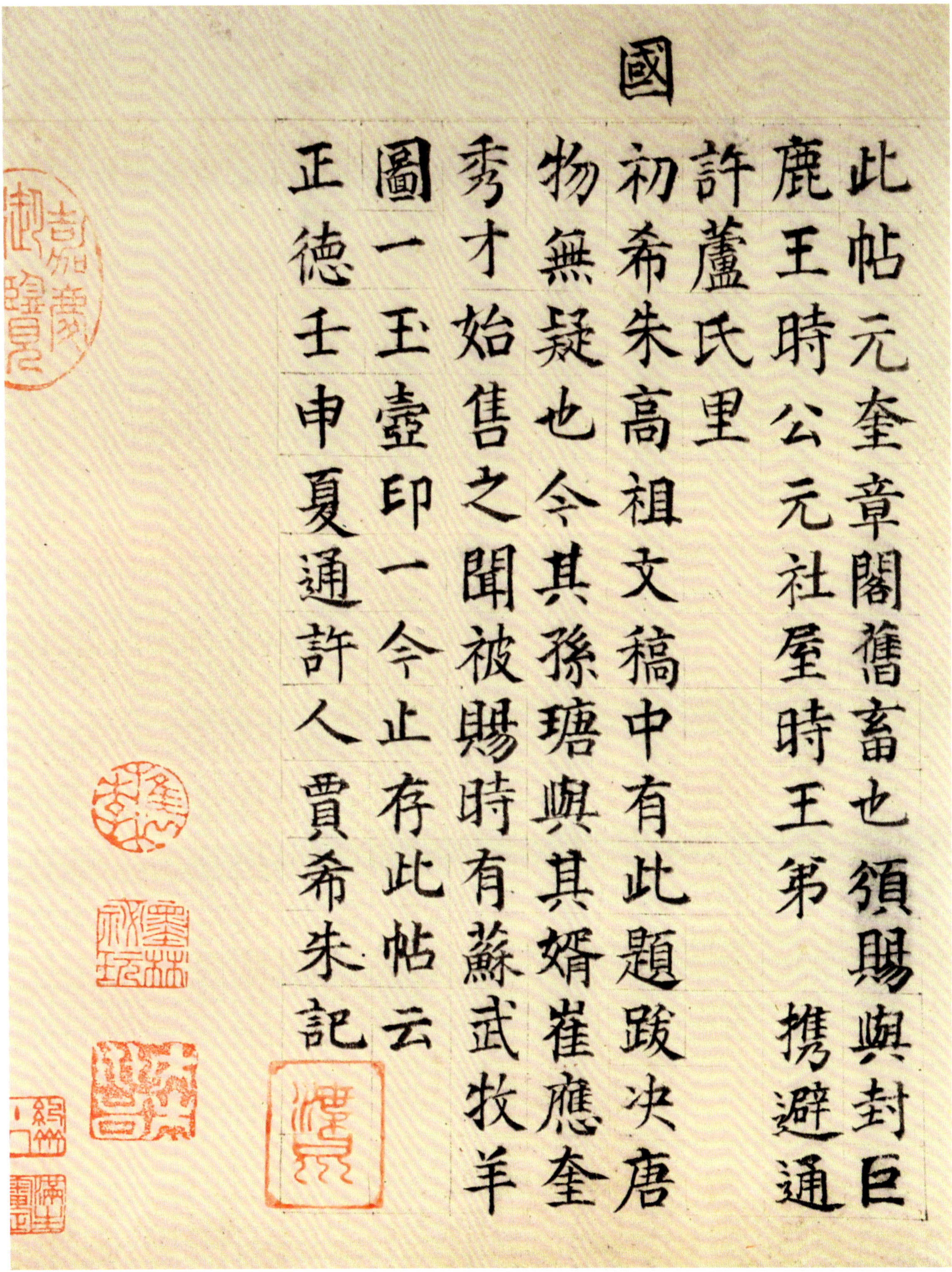

图49　五代 杨凝式《韭花帖》跋，《三希堂法帖》
明贾希朱以此帖曾入奎章阁收藏。

图47　宋　夏珪　《长江万里图》（局部）　台北故宫博物院藏

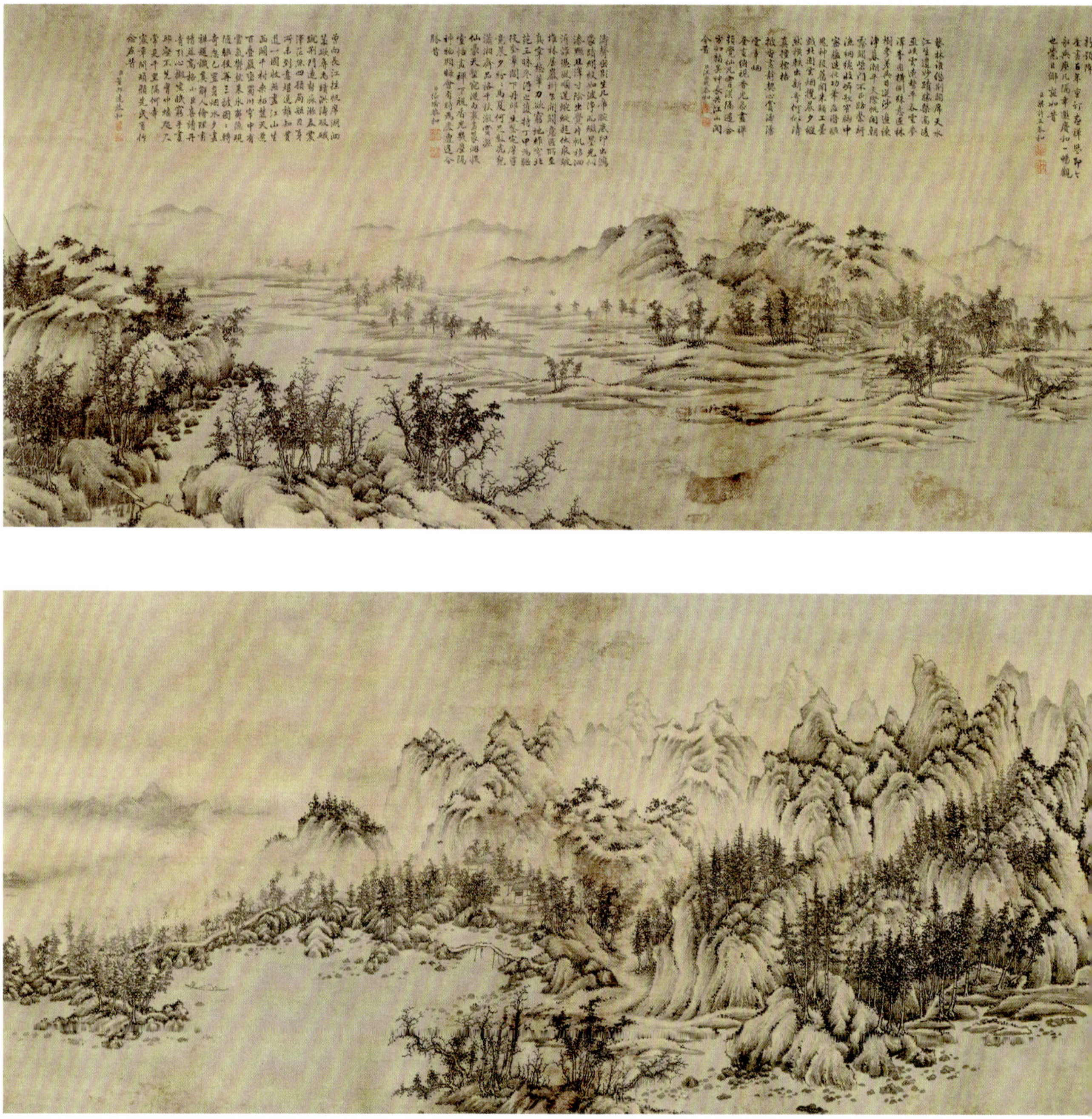

图48　宋　江参《千里江山图卷》（局部）　台北故宫博物院藏
卷尾有元文宗时代柯九思鉴定款。

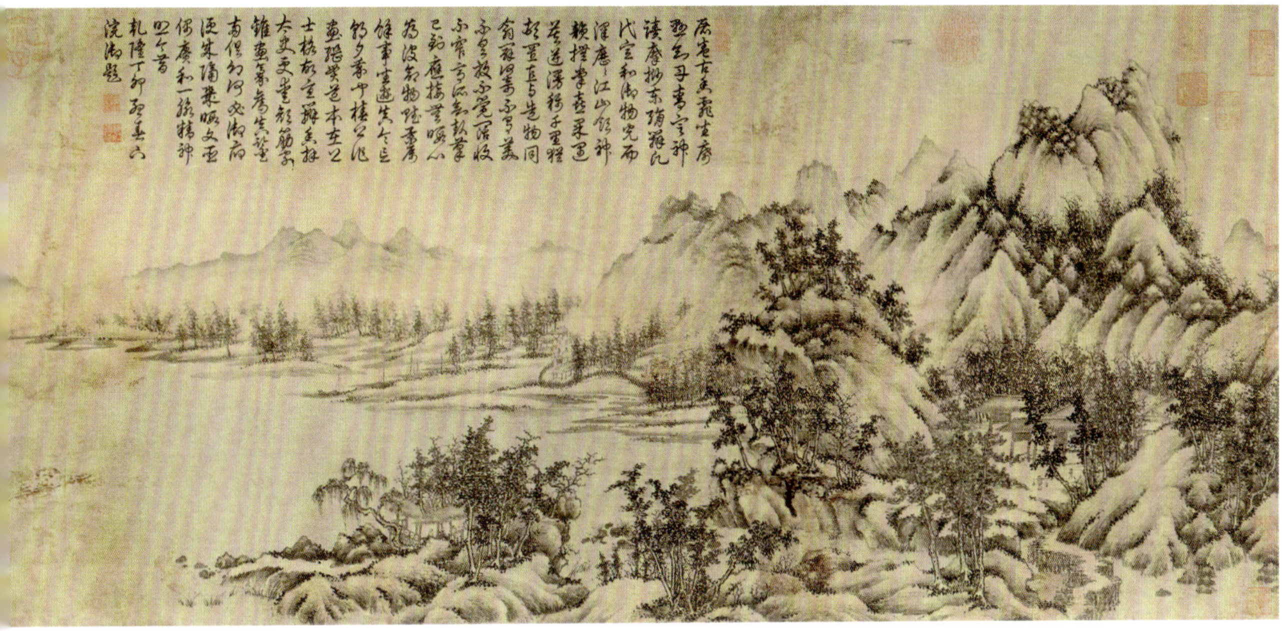

第三章 宣文阁与端本堂

宣文阁是奎章阁的转世，当奎章阁在成立之初，发散过昙花一现似的光华之后，随着文宗之薨及柯九思等的去职，急速地趋向沉寂。当濒临绝亡之边缘，由原任奎章阁监群玉内司的大书家康里巎巎（子山）挺身而出，终于保存了这一机构，只是更换了名称而已，这是在1340年至1341年间的事。自此在新人新名之下，略事振作，一直维持了二十多年，与元代帝国共存亡。

在1349年10月，又成立了端本堂，以为皇子肄业之所。由于有的资料中说端本堂是由宣文阁改成的，因此有学者主张在至正九年端本堂成立之后，宣文阁即不再存在。[1]但从我目前找到的有限资料中，显示在端本堂成立之后，并未完全取代宣文阁，虽然其时的宣文阁已经迹近于有名无实，但实际上与端本堂一直并存了将近二十年，这可以在以下的编年材料中见出。或者是端本堂原为隶属于宣文阁下的主要机构，同时宣文阁也因1345年康里子山的去世而失去了有力的中心人物而渐被淡忘，因此端本堂遂喧宾夺主地使人产生了错觉。

一、元顺帝与康里巎巎

宣文阁之成立，其最有关键性的人物，一是顺帝，一为康里，以康里年长先述之。

康里巎巎（1295—1345），字子山，父不忽木，事世祖，从征

【1】朱偰《元大都宫殿图考》页6，《评朱启钤元大都宫苑图考》。

有功，《元史》另有传（卷一三〇）。本康里人，康里即汉高车国。但是康里幼年，肄业国学，“博通群书，其正心修身之要，得诸许衡”，所以他是一位完全华化的西域人。[2]在中国艺术史上，他以书家得名：“正书师虞永兴，行草师钟太傅、王右军，笔意遒媚，转折圆劲，名重一时。评者谓国朝以书名世者，自赵魏公后，便及公也。”[3]他对书法用力甚勤，自谓曰：“余一日写三万字，未尝以力倦而辍笔。”[4]

但是在朝廷中，他之被尊重不全是因为他善书，主要是由于他的为人和儒学。他的官职中，与奎章阁、宣文阁有关的是：1320年为秘书监丞，从五品；1325年升为从三品的秘书太监；[5]1330年由礼部尚书兼监奎章阁的群玉内司（见《奎章阁年谱》）并“兼经筵官”，后来又改为奎章阁学士院承制学士，嗣升为侍书学士从二品，复升为大学士知经筵事正二品。这都是在文宗的奎章阁时代，“尝以圣贤格言讲诵帝侧，裨益良多。”

后来顺帝十四岁即位，“巎巎侍经筵，日劝帝务学，帝辄就之习授，欲宠以师礼，力辞不可。凡四书、六经所载治道，为帝绌绎而言，必使辞达，感动帝衷，敷畅旨意而后已。”他所最爱用的教材之中，有柳宗元的《梓人传》和张商英的《七臣论》，在今日康里的传世墨迹中，还有一卷草书《梓人传》【图50】，今为美国普林斯顿私人收藏，存大学美术馆中。（参阅拙著*Traces of the Brush*，页103）

康里对这位年轻的皇帝，是不放过任何的教育机会的。顺帝暇日“欲观古名画，巎巎即取郭忠恕《比干图》以进，因言商王受不听宗臣之谏，遂亡其国。帝一日览宋徽宗画称善，巎巎进言：徽宗多能，惟一事不能。帝问何谓一事。对曰：‘独不能为君尔，身辱国破，皆由不能为君所致，人君贵能为君，它非所尚也！’”康里以一西域武将之后，因从小受汉学熏陶，其言行居然较之一般汉人学者更为儒家化，而康里只是众多华化西域人之一而已。

就因为康里身为经筵官，又出言真诚，顺帝对他极为敬重，而他自己也以“得言人所不敢言”为己任，尝谓人曰：“天下事在宰相不得言则台谏言之，台谏不敢言则经筵言之！”因此，当有大臣议罢先朝（文宗朝）所置奎章阁学士院及艺文监诸属官时，康里即曰：“民有千金之产，犹设家塾，延馆舍，岂有堂堂天朝，富有四海，一学房乃不能容耶？”帝闻而深然之：“即日改奎章阁为宣文阁，艺文监为

【2】陈垣《元代西域人华化考》卷五，页79。

【3】《书史会要》卷七，页1。

【4】《辍耕录》卷一五，页223。

【5】《秘书监志》卷九，页7、14。

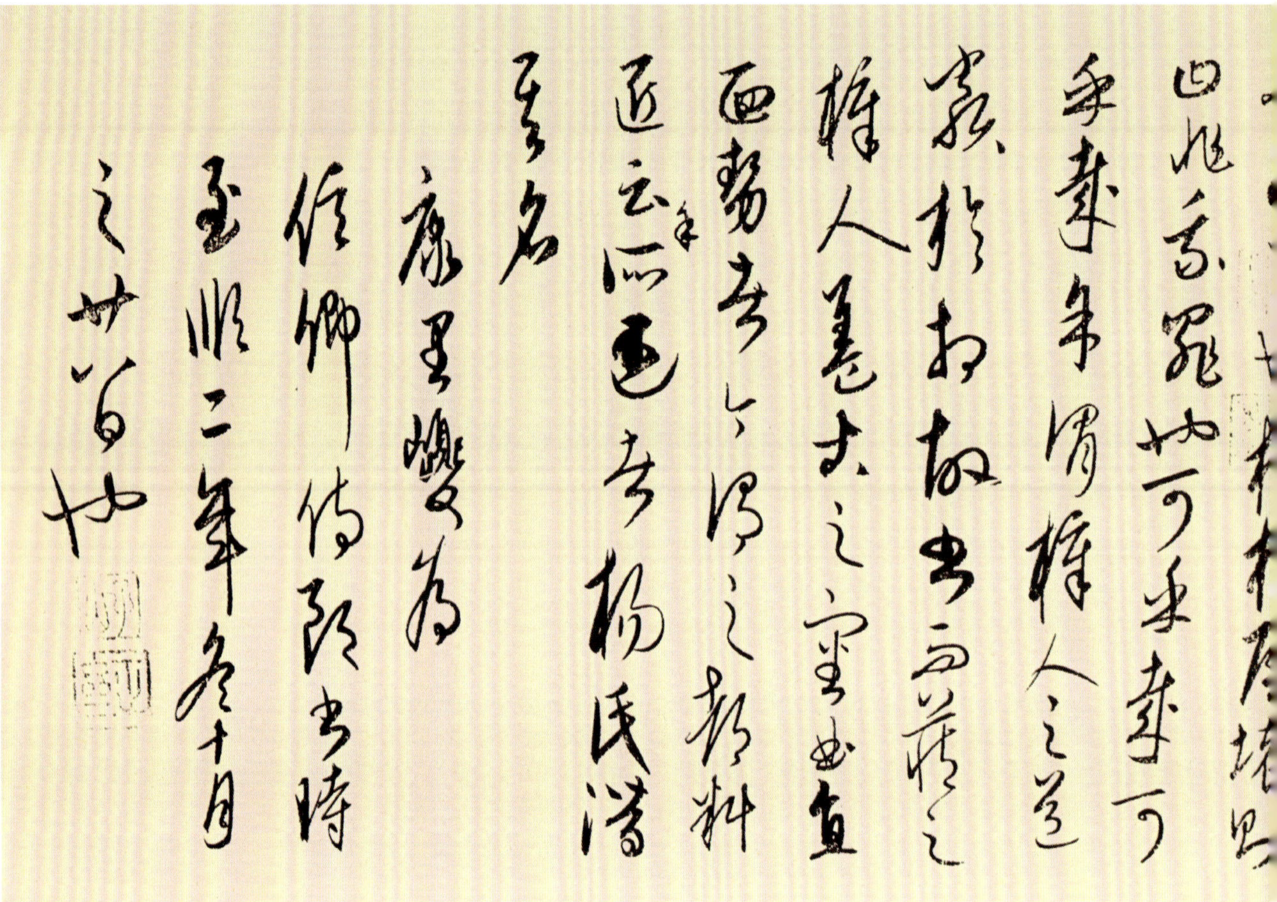

图50　元　康里子山书柳宗元《梓人传》　美国普林斯顿大学美术馆藏
康里为华化西域人，元顺帝之师，尝进讲《梓人传》。时人议罢文宗朝所立奎章阁，因康里之言，得而保存，改名为"宣文阁"。

崇文监，存设如初！就命巙巙董治。又请置检讨等职十六员，以备进讲，帝皆俞允。"[6]

由此，奎章阁虽然结束了短短十二年的生命，但是宣文阁实际上是它的化身，又延续了二十多年，这完全是拜受康里的一言之赐。

至于顺帝本人，自少接受正统的汉人教育，当他在广西桂林时，有胡震臣侍笔砚，习字为其常课，曾书"九霄"二大字赐胡氏，胡氏述其写字的情景曰："始作字时，落笔如宿习，每精意审订，然后振臂一扫，不复润饰。"许有壬评其书曰："刚健端重，浑然天成，书家疲精力，吃吃岁月，有所不能。"[7]可见他是很有书法天赋的。

等到他即位之后，类此赐书的情形还不少，如翰林学士臣朵尔直班"尝一日侍燕闲于宣文阁，上亲御翰墨，作'庆寿'两大字以赐焉"（见《年谱》"1342年"）。《书史会要》的作者，也把他列在

【6】以上所引康里语均出《元史》卷一四三《康里传》。
【7】许有壬《至正集》卷七一，《恭题胡震臣所藏今上御书》。

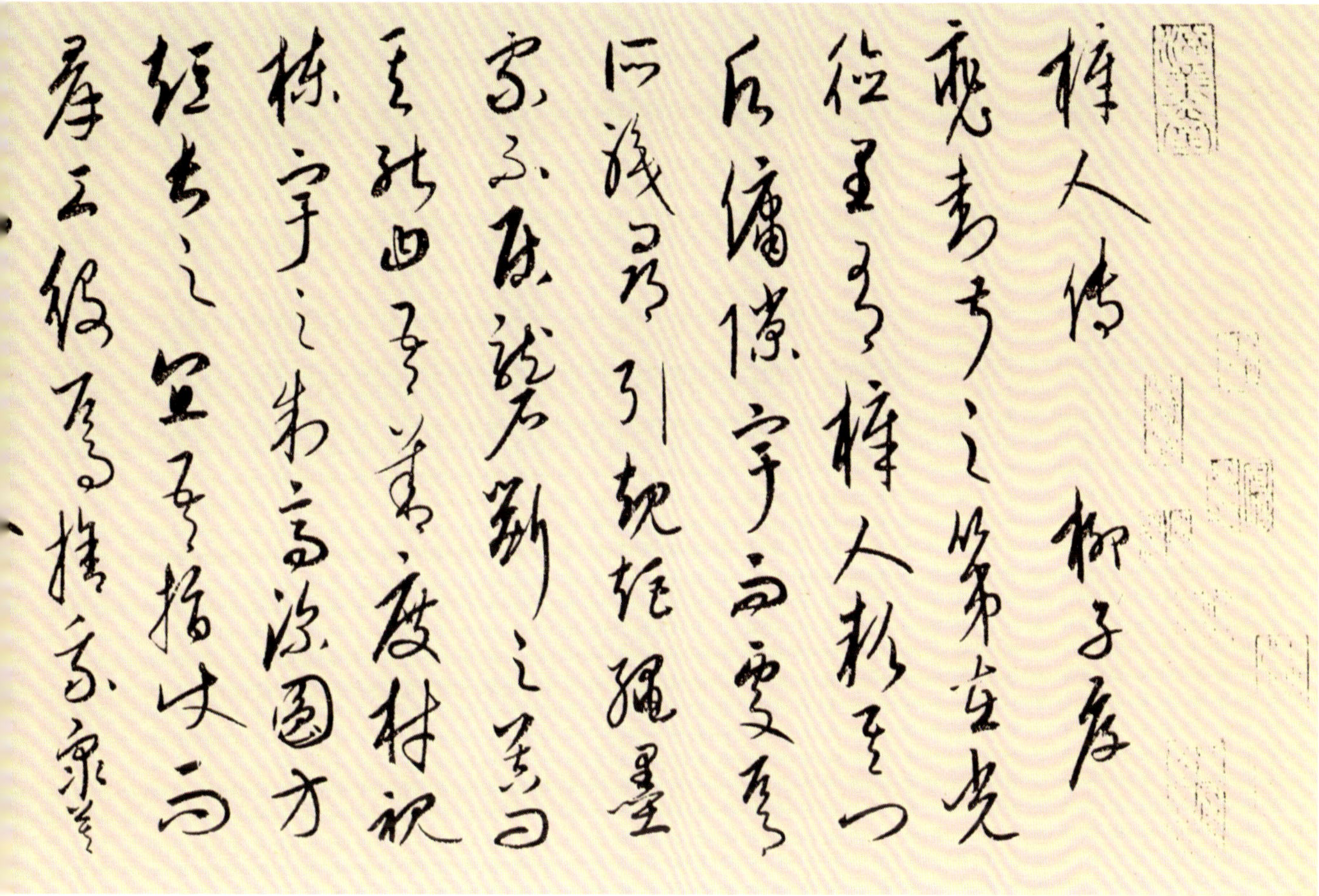

少数元代帝王书家之中，说他“崇儒重道，尊礼旧臣，万机之余，留心翰墨，所书大字，严正结密，非浅学可到”[8]。有进呈智永《千文》者，乃刻石宣文阁，以墨本赐从官之有文学者（见后）。

从以上记录来看，他对艺术的兴趣，似不亚于文宗，然宣文阁的艺术活动究竟不及奎章阁初期的有声有色，其原因之一，是奎章阁时代，在文宗周围，有好事者如鉴书博士柯九思等这一流人物，是纯粹的文人书画家；而顺帝时代，虽然由康里之故成立了宣文阁，但是身为经筵官的他，道学气较之文宗时代的虞集等唯有过之，古人书画都被他用作教育的工具，周围又无有力而又好事的人，宣文阁的鉴书博士们，也没有像柯九思那样与皇帝亲近，受同僚的推誉。所以宣文阁的存在，诚如康里所谓的“一学房”而已！

【8】《书史会要》卷七，页1。

二、宣文阁

宣文阁是由原来的奎章阁改名的，成立之初，说是“存设如初”，同时只将阁中的隶属机构艺文监改名为崇文监而已。但在《顺帝本纪》中有“以崇文监属翰林国史院”的记载，而且在《百官志》中，说明宣文阁“不置学士，唯授经郎及鉴书博士以宣文阁系衔”（见《年谱》）。学士本是奎章阁中品位最高的官员，艺文监亦为奎章阁中的主要隶属机构，现在宣文阁中二者皆无，其编制和职权都大大地减缩，授经郎和鉴书博士都只是五六品的官职而已，我们如果将宣文阁的属官组织与奎章阁相比，也就无怪为什么宣文阁是如此寂寥了：

宣文阁 —— 授经郎
　　　　 —— 鉴书博士

宣文阁既有鉴书博士之职，则在宣文阁时代的二十多年中，相信当有不少文学书画之士曾任此职，如《岳雪楼书画录》中所记吴仲圭的《竹石轴》上，有“宣文阁鉴书画博士印”[9]，但究竟有哪些人曾任此职，恐怕一时还找不完全。其中之一是元末的各体书家周伯琦（字伯温），据《新元史·周氏传》：“至正元年，改奎章阁为宣文阁……以伯琦为宣文阁鉴书博士兼经筵官，进讲辄称旨，日被顾问，帝常呼其字而不名”，在时间上论，周氏可能是宣文阁的第一任鉴书博士。虽然“日被顾问”，但是主要在“进讲”的经筵职务，并不是讨论法书名画，而且不久他又被“擢崇文监丞”，所以远没有柯九思的烜赫。至于此一职位由谁接任，以及以后的各任鉴书博士是谁，只有留待以后陆续发现了。（参阅《补记》）

三、端本堂

端本堂的成立是在至正九年（1349）冬，成立的原因是皇太子日渐长大，“宜亲师就傅，拜谕德、赞善各一员，文学二员，仍命以翰林直学士待制兼其职，复置正字司经各二员”。地点就是原来的宣文阁，据王祎云：“即兴圣宫西偏，故宣文阁改曰端本堂，为肄学之所。”从这一资料，好像在端本堂产生之后，不再有宣文阁的存在，

【9】《岳雪楼书画录》卷三，页35。

图51 元顺帝“宣文阁宝”及“宣文阁图书印”
“宣文阁宝”采自传巨然《萧翼赚兰亭图》，11.5厘米×11.2厘米见方，历代收藏印以此为最大；“宣文阁图书印”采自宋人《小寒林图》，6.9厘米×6.8厘米见方，二印皆为周伯琦奉敕所篆。

但在史料中，二者是并存的。据目前的资料，端本堂只是宣文阁属下各房舍中的一间而已。如当初奎章阁之成立，有房舍三间，其北间南向者，设有御座；而端本堂之室内布置与该间大同小异：“其堂虚中座以俟至尊临幸，皇子坐于皇帝位之右而左向，其左设师傅之位，谕德以下，以次列座而右向；比授经，则设授读位，司经、正字、执经导皇子及谕德以下，选为伴读者凡十人。”[10]

从以上资料知端本堂成立的目的只是作为太子讲读之所，其陈设也只就奎章阁和宣文阁原有的一间加以重新布置而已。这一点也许可以由《辍耕录》所记“端本堂”一则中皇太子读书故事作为旁证，因为陶宗仪说明这故事的来源是：“右二事乃贡尚书师泰授经宣文阁下日所目见者”[11]，如果宣文阁已由端本堂取代，则贡尚书就不应该再授经“宣文阁下”了。

四、宣文阁年谱（端本堂附）

后至元六年（1340）

十一月三日，建宣文阁，诏周伯琦篆题阁榜及阁宝。（周伯琦《近光集序》）

十一月廿八日，周伯琦承诏篆“宣文阁宝”，作诗云：“阁玺新成敕摹篆，昆吾试手尽篆豪芒。”（《近光集》卷一，页17，此条时间上与该集序文略有出入，然序文较笼统简略，故十一月三日是建宣文阁日期，廿八日乃诏篆“宣文阁”的时间。）

帝以伯琦工书法，命篆“宣文阁宝”[12]【图51】，仍题匾宣文阁，

【10】《元史类编》卷十，页22、23，双行夹注。
【11】《辍耕录》卷二，页36。
【12】1973年春，笔者在台北故宫博物院据巨然《萧翼赚兰亭图》轴原画测得“宣文阁宝”为11.5厘米×11.2厘米见方，但据那志良先生云是7.4厘米见方，与香港开发公司承印台北故宫博物院所编《晋唐以来书画家鉴藏家款印谱》页173该印相同。此中出入甚大，不知谁误。今再检《宋画精华》第三图巨然画查对，“宣文阁宝”一印，远大于左方的乾隆二印：“乾隆御览之宝”“八徵耄念之宝”。查该二印实大于7厘米见方，从比例来看，则此“宣文阁宝”至少在10厘米见方以上，不会是7.4厘米见方。

及摹王羲之所书《兰亭序》、智永所书《千文》，刻石阁中。自是累转官，皆宣文、崇文之间。（《元史》卷一八七，《列传》七四，页433）

至正元年（1341）

正月廿八日，周伯琦由翰林修撰特拜宣文阁授经郎兼经筵。（《近光集》卷一，页11）

至正元年，改奎章阁为宣文阁，艺文监为崇文监，以周伯琦为宣文阁鉴书博士兼经筵官。（《新元史》卷二一一《周氏传》，页413）

汪克宽作《宣文阁赋》，有序："皇帝九年，制作宣文阁于大明殿之西北。皇上万几之暇，御阁阅经史，以左右儒臣为经筵官，日侍讲读。"（《环谷集》卷一，页5，《四库珍本》七集）

五月，诏刻"宣文""至正"二宝。以崇文监属翰林国史院。（《元史》卷四〇，《顺宗本纪》，页98）

顺帝时作二小玺，一曰"明仁殿宝"，一曰"洪禧"，命杨瑀篆文。（《辍耕录》卷二，页44，按此二印不知作于何时，亦不见于书画上。一曰作于元统间，见《奎章阁年谱》。）

大臣罢先朝所置奎章阁学士院及艺文监诸官，康里曰："民有千金之产，犹设家塾，延馆舍，岂有朝廷之大，四海之富，一学舍不能容耶？"帝就之，改奎章阁为宣文阁，艺文监为崇文监，存设如初，就命康里兼提调，因请置检讨等职十六员，以备进讲，帝皆俞允。（《元史类编》卷二二，页22；《元史》一四三《列传》三十，页343）

六月，改旧奎章阁为宣文阁。（《元史》卷四〇，《顺帝本纪》，页97）

九月，立宣文阁，不置学士，唯授经郎及鉴书博士以宣文阁系衔云。（《元史》卷九二《百官志》四一，页240）（按以上各条有关成立奎章阁的确实时间并不一致，但出入并不太大，因并录之。）

至正二年（1342）

四月三日，上御宣文阁，亲试学宫弟子员，讲诵经史称旨，赐周伯琦中统钞五千贯。（《近光集》卷一，页22）

七月十八日，西域佛郎国遣使献马一匹……色漆黑，后二蹏白……上御慈仁殿，临观称叹，遂命育于天闲……仍敕翰林学士承

旨臣巎巎命工画者图之，直学士揭傒斯赞之……周伯琦献诗作《天马行》。（《近光集》卷二，页2至8）

是年，翰林学士臣朵尔直班，尝一日侍燕闲于宣文阁，上亲御翰墨，作“庆寿”两大字以赐。（《金华黄先生文集》卷二一，页201，《恭跋御书“庆寿”二大字》）

是年，据《秘书志》的记录，有“书画二千单八轴”。（《秘书志》卷六，页8）

至正三年（1343）

正月廿八日，周伯琦由授经郎升除宣文阁鉴书博士。（《近光集》卷二，页5）

二月十九日，周伯琦承诏复兼经筵官，同日承诏鉴品题识阁中书画。作诗云：“五色云中白玉堂，牙签犀轴绚天光。古今缋像丹青妙，贤圣传心翰墨香。游艺无为研阃奥，列名第品愧芜荒。宣文阁玺明星日，羲画箕畴并久长。”（《近光集》卷二，页5、6）

至正四年（1344）

春，儒臣欧阳玄、揭傒斯等修辽金宋三史告成，丞相脱脱大喜，即命掾史具进史仪礼，鼓吹导从，前后光辉，自史馆进呈宣文阁，帝具礼服接之，观者以为近代无之。进史毕，大宴群臣于宣文阁。（《庚申外史》页15至16）

是年，盛熙明以所编《法书考》八卷进，上览之徹卷，命藏库中。（《书史会要》卷七，页17）

九月，命御史大夫也先帖木儿，平章政事铁木儿塔识知经筵事，右丞达识帖睦迩提调宣文阁知经筵事。（《元史》卷四一《顺帝本纪》，页99）

至正五年（1345）

是年，康里巎巎卒，年五十一。（《疑年续录》卷二）

至正九年（1349）

六月丙子，刻小玉印，以“至正珍秘”为文，凡秘书监所掌书画尽皆识之。（《元史》卷四二《顺帝本纪》，页10），然今传世古书画上未见有此一印。）

十月，命皇太子爱猷识理达腊，自是日为始，入端本堂肄业。命脱脱领端本堂事，司徒雅普化知端本堂事。端本堂虚中座，以俟至尊临幸，太子与师傅分东西向坐授书，其下僚属以次列坐。（同上，页

101）

冬，诏以皇子春秋日长，宜亲师就傅，拜谕德、赞善各一员，文学二员，仍命以翰林直学士待制兼其职，复置正字、司经各二员，即兴圣宫西偏，故宣文阁改曰端本堂，为肄学之所。十月九日，皇子始就学。（王祎《王文公集》，见《元史类编》卷十，页22至23，双行夹注。）

至正十一年（1351）

三月，征建宁处士彭炳为端本堂说书，不至。

九月，以中书平章政事朵尔直班提调宣文阁，知经筵事。（以上二则皆出《元史》卷四二《顺帝本纪》，页101）

至正十四年（1354）

十二月，以桑哥失里提调宣文阁。（《元史》卷四三，页104）

至正十五年（1355）

六月，命御史大夫雪雪提调端本堂。（《元史》卷四四，页104）

九月，命桑哥失里提调宣文阁，吕思诚知经筵事，集贤大学士许有壬兼太子谕德。（《元史》卷四四，页501）

至正二四年（1364）

七月，孛罗帖木儿驻兵健德门外，与秃坚帖木儿、老的沙入见帝于宣文阁，诉其非罪。（《元史》卷四六《顺帝本纪》，页109）

至正二七年（1367）

九月，命帖里帖木儿提调端本堂及领经筵事。（《元史》卷四七《顺帝本纪》，页110）

至正二八年（1368）

八月，大明兵入京城，国亡。（《元史》卷四七《顺帝本纪》，页111）

八月庚午，徐达入元都，封府库图籍，守宫门，禁士卒侵暴。（《明史》卷二《太祖本纪》，页14）

五、宣文阁时代藏品

宣文阁的组织，既是继承奎章阁而成，则上述奎章阁时代的藏品，除了一部分赐给近臣之外，大部分亦当为宣文阁所继承。故本节所论列者，仅限于传世及著录作品上钤有宣文阁印章者为主要对象。

（一）宣文阁时代藏品

“宣文阁宝”印为周伯琦奉敕所篆，不仅为元代官印中最大的一方，恐怕历代官印中也无出其右，据巨然《萧翼赚兰亭图》，该印为11.5厘米见方，印边与印文的粗细相仿，无“天历”印之典重，亦无“奎章”印之流丽，转折方硬，已开明印风格。传世古画，有此印者亦不多见，兹列于后：

1、董源《寒林重汀》，日本黑川古文化研究所藏。【图52】

2、巨然《萧翼赚兰亭图》轴，台北故宫博物院藏。（《故宫名画三百种》图四七，《宋画精华》图三）【图53】

3、巨然《溪山林薮图》轴，台北故宫博物院藏。（《故宫名画三百种》图四八）【图54】

4、宋人《枇杷猿戏图》轴，台北故宫博物院藏。（《故宫名画三百种》图一三八，《宋画精华》图三九）

以上各画都是巨轴。巨然二画，虽不必是巨然所作，但是由此一印，可以证明二画至少是元代以前所作。其他二画皆是古画剧迹，董源一画，亦为传世董源画中最早最有可能之画迹，印文亦最清晰完整。

此外，在著录中的书画上，钤有此印的当不少，如：

5、智永《千字文》。据欧阳玄云：“今上皇帝（顺帝）得智永《千文》，命近臣勒刻宣文阁中。所拓墨本，从官之有文学者，则识以宣文阁宝而赐之。”（《圭斋文集》卷一四，《御赐石刻千文拓本题后》）

6、戴嵩《斗牛图》中挂轴（《墨缘汇观》卷三，页125）

7、董源《风雨出蛰龙图》双拼大挂幅。（同前书，页127）

8、巨然《山市晴岚图》轴（《石渠宝笈初编》，页317）

此印既是元内府收藏印，自然也有后人伪作：

9、宋（或金）人画赵遹《泸南平夷图卷》，美国纳尔逊美术馆藏，卷尾“宣文阁宝”小而不真，然伪印不一定影响画迹年代。（此印承黄君实兄见告）

图52　五代　董源《寒林重汀图》　日本黑川古文化研究所藏
右上角有元顺帝“宣文阁宝”印。

图53 传五代 巨然《萧翼赚兰亭图》
台北故宫博物院藏
上有元顺帝"宣文阁宝"印。

图54　传五代 巨然《溪山林薮图》
台北故宫博物院藏
右上角有元顺帝“宣文阁宝”印。

（二）宣文阁图书印【图51】

此印较小，约6.8厘米见方。印文风格与“宣文阁宝”同，当是周伯琦所篆。此印出现更少，我所见只有以下二幅：

1、宋人《小寒林图》轴，台北故宫博物院藏。（《故宫书画录》卷五，页121，《宋画精华》图a）此印为标准印，画出宋人。【图55】

2、宋人《杏林瀉鹕图轴》，台北故宫博物院藏。（《故宫书画录》卷五，页152）

二画皆真宋画，二印亦皆真。

【附】宣文阁鉴书画博士印

1、蔡襄《谢御赐诗表（卷）》，台北故宫博物院藏。（《故宫法书》第八辑，页39）

2、郭畀《雪竹图》卷虞集跋。（《故宫书画录》卷四，页124）【图57】

3、吴仲圭《古木竹石》轴。（《岳雪楼书画录》卷三，页35）

上印，就印文而论，是属于宣文阁的“鉴书画博士”，不一定是属于“宣文阁”，当时曾任此职的，在宣文阁时代当有多人，周伯琦是其中较早的一位。宣文阁的组织与元代共存亡，则其印出现于吴镇的画上，自是不无可能；但仅见著录，此印是否可靠亦不可知。至于台北故宫博物院所藏的蔡襄《谢御赐诗卷》，并不是蔡襄真迹，连卷后的元人题跋也是临本，真迹今存日本东京书道博物馆。因此台北故宫博物院墨迹上之“宣文阁鉴书画”半印，依我目前的看法，也应当是伪印。同时真迹本上似无此一印，因笔者前往该馆参观时，该卷只展出局部。且该卷全卷之印本（《书道艺术·中国名品集》），亦不见此印。

虞集跋郭畀《雪竹》卷后亦有此印，然虞集未任此职，其为伪印无疑。【图57】最重要的，在《元史》或其他资料中，知周伯琦只是“鉴书”博士，并不包括“画”，果如是，则此印根本就是子虚伪造的了。

（三）其他

1、杨士贤《赤壁图》卷【图56】，美国波士顿美术馆藏。（《文人画粹编·董源巨然册》图五二）此画上有“宣文之宝”一印，此印既无著录，印亦不佳，如果也算作是宣文阁时代的印，则也应当是伪印。

2、郭忠恕《比干图》。

3、宋徽宗画。

以上二则，见于《元史·康里巎巎传》中：“（顺帝）暇日欲观古名画，巎巎即取郭忠恕《比干图》以进，因言商王受不听忠臣之谏遂亡其国。帝一日览宋徽宗画称善，巎巎进言：‘徽宗多能，惟一事不能。’帝问何谓一事？对曰：‘独不能为君尔！’”由此，见当时内府所藏，不见于著录不传于后世者尚多。

附：“明仁殿”隶书印，金色，在李衎《墨竹卷》引首纸上（美国纳尔逊美术馆藏），可能是元内府所造纸，因为顺帝时曾命杨瑀篆“明仁殿宝”。但“明仁殿”隶书印，可能不是出于杨氏手笔。

六、端本堂藏品

端本堂成立的目的如前所云只是作为太子讲读之所，应是宣文阁的特殊附属机构，所以书画收藏绝不是端本堂的初旨。在传世少数古书画上，有“端本”二字朱文印，高6.6厘米，目前如那志良先生等解释为元代端本堂的收藏印，姑从之。此印亦不多见，就目前所知列于后：

1、王羲之《远宦帖》，台北故宫博物院藏。（《故宫法书》第一辑，页26）【图58】

2、宋高宗书《嵇康养生论》，见《三希堂法帖》。

3、王利用《老君别号事实图》卷，美国纳尔逊美术馆藏，卷尾有“端”字半印，真。【图60】

4、陈居中《奚官调马图》轴，台北故宫博物院藏。（《故宫书画录》卷五，页107）【图59】

5、尉迟乙僧《护国天王像图》轴，台北故宫博物院藏。（《故宫书画录》卷八，页53）【图41a】

6、黄荃《柳塘聚禽图》卷，美国耶鲁大学美术馆藏。（喜龙仁《中国画》图一三六）

7、尉迟乙僧着色《天王像》卷，美国佛利尔美术馆藏，有“端

图55　宋人《小寒林图》　台北故宫博物院藏　右上角有元顺帝"宣文阁图书印"。

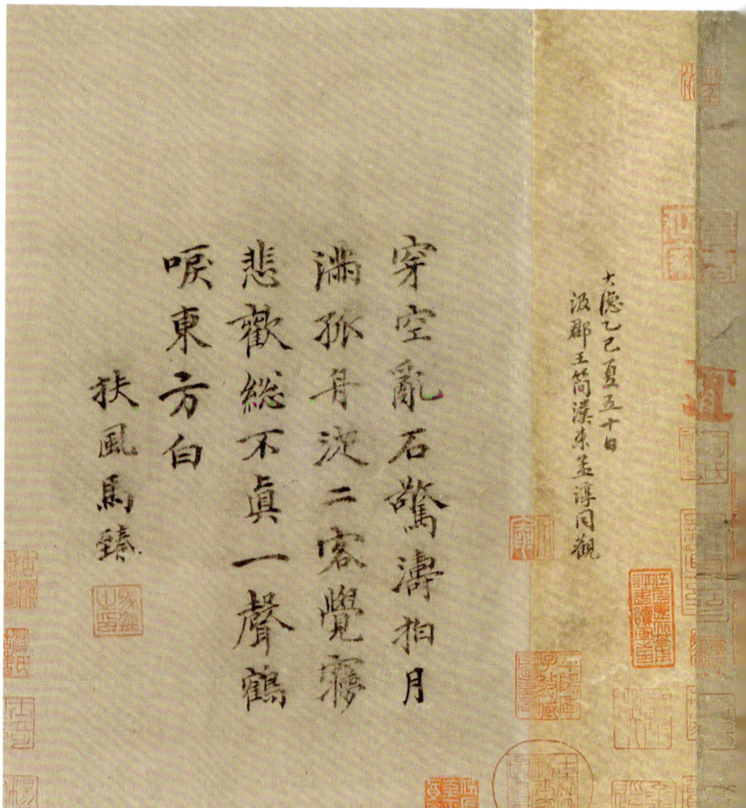

图56　传宋　杨士贤《赤壁图》
美国波士顿美术馆藏
此画后段上方有"宣文之宝"一印，此印无记录，印亦不佳。

宋楊士賢赤壁圖

本”伪印。【图41b】

以上各印，以王羲之《远宦帖》上者最完整，当为标准印。王利用画上只存半印，亦真。（此印为黄君实兄见告）台北故宫博物院所藏，尉迟乙僧《天王像》轴，画风不晚，而伪印累累，徽宗、章宗及“天历之宝”“端本”皆为仿刻。著名的耶鲁大学所藏黄荃画卷上的宋、金、元诸内府印亦皆伪刻。宋高宗书及陈居中画上二印，“端”字篆法均与标准印不符。

【补记】本章宣文阁一节，述及阁中鉴书博士除周伯琦外，当尚有多人。今收到姜一涵兄寄来《元代奎章阁和宣文阁中的七位鉴书博士》上篇，刊于《中国学人》第六期，考出宣文阁中尚有王沂、郑深、归旸和麦文贵四人，足见其读书之专勤，以及对此一问题的深入，读者可自觅该文参考。

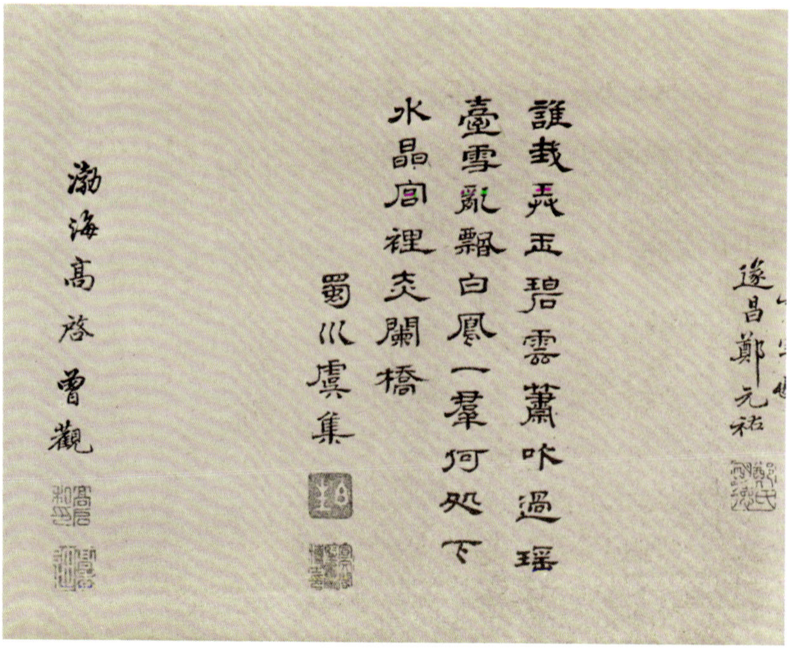

图57　伪 元　虞集跋郭畀《雪竹图》
台北故宫博物院藏
虞跋后有“宣文阁鉴书画博士印”，虞氏实未任此职，其前后题跋书迹皆伪。

图59　传宋 陈居中《奚官调马图》　台北故宫博物院藏
上方正中，有伪"端本"印。

图60　宋 王利用《老君别号事实图》
美国纳尔逊美术馆藏
此卷卷尾有"端本"之半印，曾藏元末端本堂。

图58　晋　王羲之《远宦帖》　唐人勾摹本　台北故宫博物院藏
此帖经历宋、金、元内府收藏。

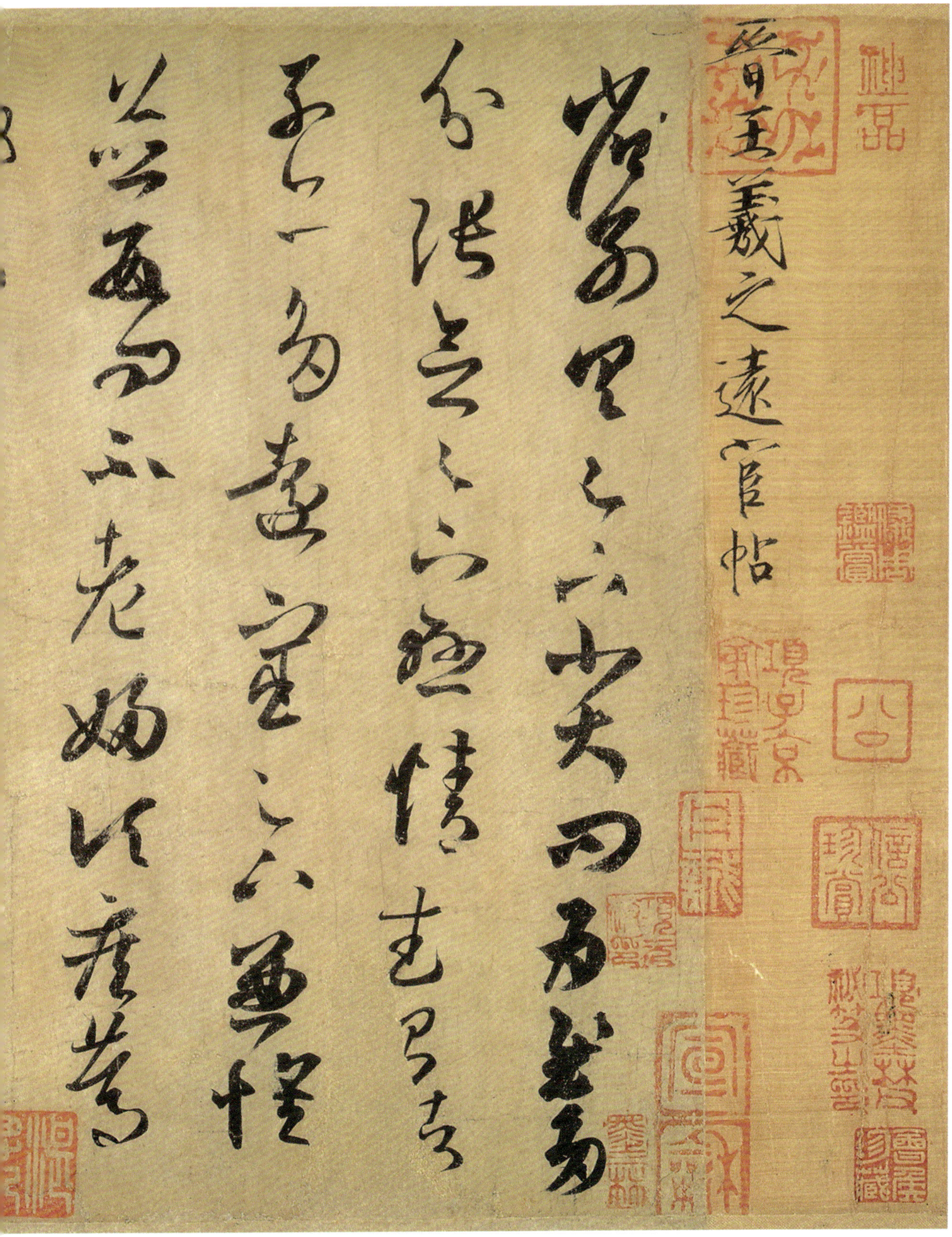
晋王羲之远宦帖

第四章　秘书监及其他

一、秘书监

奎章阁和宣文阁，因为都有巨型的印章，出现在古代书画名迹上，所以向为书画收藏家及鉴赏家所熟知。但是我们知道二阁的组成，实际上是以经筵官和授经郎为主，鉴藏书画只是余事。奎章阁中曾一度于1329年设群玉署，明年升为群玉内司，专掌秘玩古物，但不久即革去，并入艺文监。艺文监是主管书籍的，在宣文阁时代改为崇文监，不久又改属于翰林国史院。可见这一组织不是政府的经常机构，只有秘书监（卿）是从元初一直到元末仍然是掌管内府书画的主要机构。

秘书监在至元二十五年（1288）即设有"辨验书画直长一员"，早于奎章阁设鉴书博士四十余年，此职至少到奎章阁的末年仍然存在；因此，要研究元代内府书画收藏的实际情形，不能不对秘书监有一个了解。

秘书监的前身是太宗八年（1236）在山西平阳所立的经籍所，1267年徙置京师，明年改名为弘文院，到至元九年（1272）再改为秘书监。秘书监所掌管的也不只是书画，所有"历代图籍，阴阳禁书"以供御览的都由其掌管。以下是从至正二年秘书监著作郎王士点和商企翁所编集的《秘书监志》一书中，抽录有关书画收藏及装裱的史实，依时间先后加以整理。[1]由于该书所录多是当时官文书，间杂口语，加以传刻时可能增加的错误，有时甚难句读，故以下所引所释，

【1】本章秘书监方面的资料，大多出于至正二年（1342）秘书监著作郎王士点和商企翁的《秘书监志》或《秘书志》一书中，其卷页以于各条下标出，不另列于"注释"中。其所注卷页数，则均据广仓学窘丛书本《秘书监志》。
其他引用资料出处，亦已见于文中，故不另列于注释。
法夸氏考释元代官私印的原文见 David Farquhar, *The Official Seals and Ciphers of the Yuan Period*, Monumenta Serica 25 (1966),PP.362-393.

恐不能无误。但好在有此书之存在，才能使我们对元代内府书画的收藏情形有进一步的了解。

（一）秘书监年谱

太宗八年（1236）用耶律楚材之言，立经籍所于山西平阳，编集经史。（钱大昕《元史艺文志》卷一，页1）

世祖至元四年（1267）十月丁丑，徙平阳经籍所于京师。

至元五年（1268）二月丁卯，改经籍所为弘文院。（前二条均见《元史》卷六《世祖本纪》，页17）

至元九年（1272）十一月太保刘秉忠、大司农孛罗奉圣旨设立秘书监，先从三品，后升正三品，官四员，隶属六人。（《秘书监志》，《广仓学窘丛书》本，卷一，页1，此后皆简称“秘”。初设时人员及官职均少，此后续有增加，可参考所附《秘书监职官表》。）

至元十年（1273）大司农孛罗奏准，阴阳禁书都教分付与秘书监者，前户部尚书焦友直改授秘书监，赵秉温兼秘书少监，史杠兼秘书少监。（《秘一》，页2）

至元十二年（1275）秘书监焦秘书（友直）等奏临安秘书监内经籍图书书画等物，不教散失。（《秘五》页10，由此可见有计划地接收南宋内府收藏）

至元十三年（1276）十二月，焦尚书收拾到经籍书画等物，已运到中书省。一切经史子集、禁书典故文字及书画等物，俱是秘书监合行收掌。又奉圣旨于大都万亿库内，分拣到秘书监合收经籍图画等物，可用站车一十辆搬运赴减收贮。（《秘》五，页11，此南宋内府所藏，再加国初于他处所得贮于万亿库内者，合而为元代内府收藏之骨干。）此年张易知秘书监事。（《秘》九，页1）大概在此时，诏许京朝士假观，王恽遂与商台符披阅竟日，见书法一四七幅。画八十一幅（《书画目录序》）

至元十四年（1277）正月二十二日，奉圣旨……江南起将来的阴阳禁书、书画、宋神容，俱系秘书监合行收掌。（《秘》六，页五，此处所说的“宋神容”当即王恽《书画目录》中的“宋诸帝御容”，也包括皇后像，至今仍存台北故宫博物院。）

同年月日，奉圣旨秘书监里有损坏了的文书书画，都擗掠底好者。（《秘》六，页1，“者”字为当时口语语尾词。）

同年月日，中书工部关就令大都路差裱褙匠焦庆安前来本监，将所有书籍图画，各各损坏，大小不等，相滚计料，合用物料开坐状呈。（《秘》六，页3，末句主要内容是命焦庆安估计重裱损坏的书籍图画时，所需的各种材料，请他开一个清单来。）

同年二月，裱褙匠焦庆安计料到裱褙画轴，计一千单九轴。（《秘》六，页1至2，这一数字，只是指需要重裱的画轴，并不是当时内府收藏的总数，但由此一数字知道当时内府至少有一千多轴名画。）

至元十五年（1278）秘书监应有书画图籍等物，须要依时正官监视，仔细点检曝晒，不致虫伤浥变损坏。（《秘》六，页5）

至元十六年（1279）奉监官圆议得本监见收书画，非奉圣旨及上位，不得出监。（《秘》六，页5至6）

至元十八年（1281）程文海（钜夫）授中顺大夫、秘书少监。（《秘》一，页5）

至元二十一年（1284）此时在秘书监负责裱褙的有赵德秀，其职称为“监裱褙人”；同时尚有张柏松，二人盐粮相等。（《秘》三，页18）

至元二十二年（1285）添校书郎一员，通事舍人周驰授将仕郎、秘书监校书郎。（《秘》一，页10）

至元二十五年（1288）秘府请设辨验书画直长一员，都省准设。（《秘》一，页10，其职责虽与奎章阁宣文阁中的鉴书博士相同，但只有八品，官职甚卑，此职一直到1339年仍然存在。）

此年岳铉为秘书监。（《秘》九，页5）

元贞三年（1297）正月，秘书监裱褙大案一面，油漆损坏，移关中书工部差人前来相视，计料合用工物漆造。（《秘》五，页14）

大德二年（1298）有云南等处图志通计五十八册，未曾裱褙，令裱褙匠赵德秀等负责裱褙。（《秘》四，页13，由此知裱褙匠不只裱褙书画。）

大德四年（1300）七月十六日，唐文质愿尽平生之学，画远方职贡图及名臣之像，藏诸秘府，以传永久。（《秘》五，页8，按唐文质本为平泺路盐司副使，至八月初二为辨验书画直长。唐氏画此图，不敢率易下笔，必须起草，等到定稿之后，还要呈省看过，然后领取需用物料，彩画静本。）

同年九月二十四日，奉圣旨秘书监里有底书画，依着张参政说底，杭州铺马里取好匠人，都裱褙得完备者……上等不油底好木头做匣子者，别个底做漆匣子收拾者……太府监里有底玉轴头少的添与。（《秘》六，页3至4，杭州为南宋国都，高宗等也喜收藏，因此裱褙高手于此为多。）

大德五年（1301）二月初五日，于内府库赍得玉轴头五十九个，赴秘书监内，于都省张参政当面对秘书监官依数纳足：青菜玉轴头大小五十四个，内水石一个，菜玉轴头三个，玛瑙轴头二个。（《秘》六，页4）

同年六月十四日，秘书监裱褙佛像书画等，圣旨差委坏义将引军十一名著守，供作勾当。（《秘》三，页17）

同年八月初六，奉圣旨裱褙书画，差官前到杭州取发芝并匠人陆德祥等共五名，驰驿前来秘书监，裱褙书画勾当。

这五人的职称及姓名如后："知书画支分裱褙人一名王芝，裱褙匠三名：陆德祥、冯斌、尤诚，接手从人一名陈德。"（《秘》三，页18，其负责人王芝为元初著名收藏家之一。）【图61a、图61b】

大德六年（1302）六月，裱褙毕工部画手卷六百四十六轴。所有签贴，合委请字画精妙之人题写。（《秘》六，页4，此六百多轴，不到一年就裱褙完毕，工匠只有四名，真可谓神速了。签题多出名手，如赵孟頫即曾奉旨写过。）

大德十一年（1307）岳铉知秘书监事。（《秘》九，页1）

至大四年（1311）二月十七日奉圣旨，秘书监改作"秘书卿"。（《秘》一，页3）

延祐三年（1316）奉圣旨秘书监里有的书画无签贴的，教赵子昂都写了。（《秘》六，页1，知赵氏必曾纵观内府藏品。）

延祐五年（1318）监官议得秘书库所藏御览图籍、禁秘天文、历代法书名画，近年以来，凡遇出纳秘书郎等，自行开封，倘蒙上位不测，取索书画，失悮未便。今后移论监官一员，不妨本职，逐月轮流提调，如遇阴雨，点视疏漏，常例舒展曝晒，及出纳书画不测之事，直日秘书郎等计会提调府，亲诣府库，用心监视，一同开封，毋致似前违错。（《秘》六，页6，可见在此之前，共组织和保管还不十分得宜，一直到至正二年才加以品类编号。）

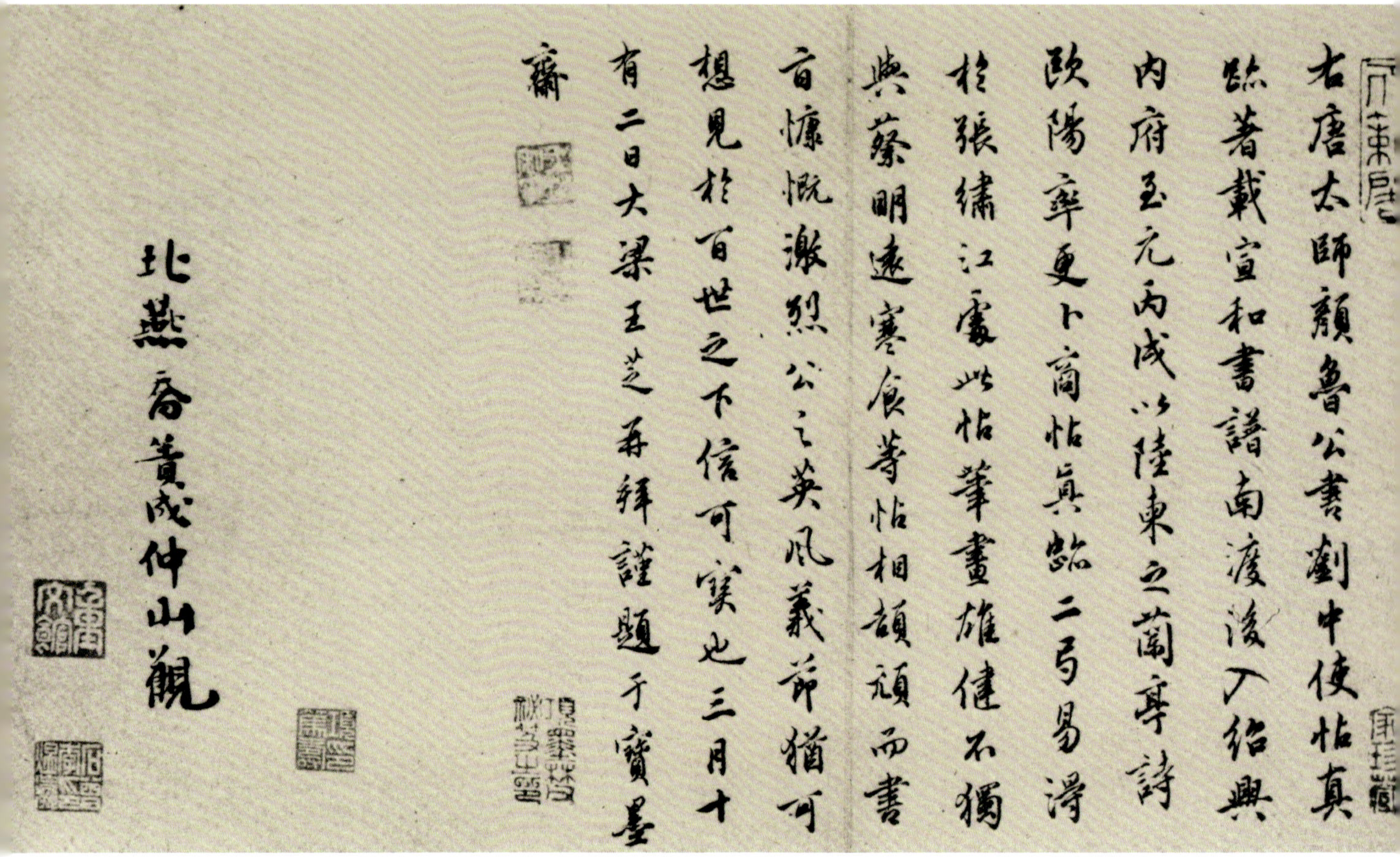

图61a 元 王芝（子庆）题颜真卿《刘中使帖》 台北故宫博物院藏
王芝为元初著名收藏家，1301年秘书监差官到杭州取发王芝并匠人陆德祥等五名，驰驿来大都裱褙书画。

至治三年（1323）皇姊大长公主命秘书监丞李师鲁主持天庆寺雅集。（袁桷《鲁国大长公主图画记》）

天历二年（1329）十一月二十六日，兴圣殿后穿廊里……柯参书等来本监……奉圣旨秘书监书画好生收拾者，少的厨柜架子，您行与工部文书，教添造者。（《秘》六，页5，据宗典《柯九思年谱》释作“奉旨往秘书监理库藏书画”。按今年三月文宗立奎章阁学士院，而文宗仍命秘书监将书画好生收拾，知并未将书画移藏到奎章阁去，则奎章阁群玉内司所掌的“秘玩古物”内，虽有部分书画，只是大内所收书画的一小部分。）

至正二年（1342）五月，本监所藏俱系金宋流传及四方购纳，古籍名画，不为少矣，专以祗备御览也。然自至元迄今，库无定所，题目简秩，宁无紊乱，若不预将经史子集及历代图画，随时分科，品类成号……置簿缮写……庶乎供奉有伦。（《秘》六，页6，可惜当时编写的目录并未传世！今见古画手卷如顾恺之《女史箴图》卷等，卷首裱绫有墨迹编号半行，可能就是元内府的编号，或宋金时内府编

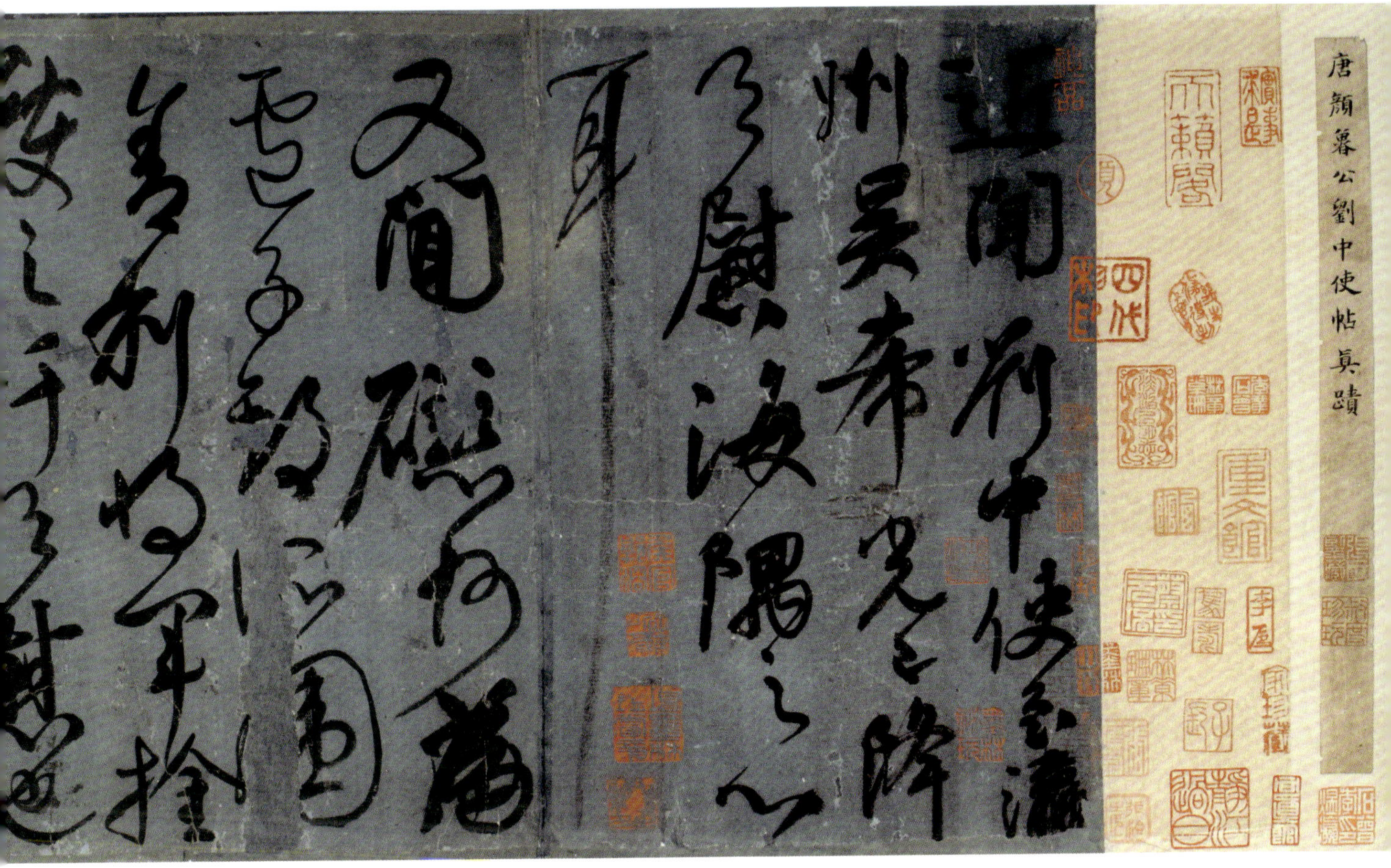

图61b 颜真卿《刘中使帖》
台北故宫博物院藏

号，待考。）

此年，王士点为管勾（《秘》九，页20）。

至正十年（1350）揭汯（伯防）为秘书郎。（《秘》十，页8）

至正廿四年（1364）太不花为秘书卿。（《秘》九，页4）

至正廿八年（1368）八月庚午，徐达入元都，封府库图籍，守宫门，禁士卒侵暴（《明史》卷二《太祖本纪》，页14）。从此，元内府收藏，全部为明接收。

（二）秘书监职官表

以下就秘书监的主要官职、品级、月俸，以及书画史上主要有关人员曾任各职者，编列于后：

一、知秘书监事：1276年张易（《秘》九，页1）

1307年岳铉（同前）

一、秘书监：正三品，月俸二定，1273年设

1273年焦友直（《秘》九，页5）

1288年岳铉（同前）

一、秘书卿：正三品，1311年改监为卿（《秘》九，页1）

1323年商琦（《秘》九，页2）

1364年太不花（《秘》九，页4）

一、秘书太监：从三品，1314年设（《秘》九，页6）

1325年康里子山（《秘》九，页7）

一、秘书少监：正五品，月俸一定十两，1273年设（九，页8）

1273年史杠（《秘》九，页8）

1281年程文海（钜夫）（《秘》九，页8）

1325年虞集（《秘》九，页11）

一、秘书监丞：从五品，月俸一定三两，1279年设（《秘》九，页13）

1320年康里子山（《秘》九，页14）

1322年李师鲁（《秘》九，页14）

一、著作郎：从六品，月俸四十两，1278年设（《秘》十，页1）

1324年李泂（《秘》十，页2）

1331年王思诚（《秘》十，页3）

1333年麦文贵（《秘》十，页3）

一、著作佐郎：正七品，月俸三十六两六钱，1278年设（《秘》十，页3）

？年张谦（《秘》十，页4）

1341年商企翁（《秘》十，页5）

一、秘书郎：正七品，月俸同前，1277年设（《秘》十，页5）

1281年乔贵成（《秘》十，页5）

1308年张谦（《秘》十，页6）

1324年王守诚（《秘》十，页7）

1350年揭汯（伯防）（《秘》十，页8）

一、典簿：从七品，月俸三十三两三钱，1305年设（《秘》九，页18）

1314年王振鹏

1332年班惟志

1334年韩屿（以上均同前）

1342年王士点（《秘》九，页20）

一、校书郎：正八品，月俸三十两，1278年设（《秘》十，页9）

1285年周驰（同前）

1324年宋褧（《秘》十，页10）

一、辨验书画直长：正八品，月俸二十两，1288年设（《秘》十，页12）

1290左右董济（同前）

赵伯颜达儿（《秘》十，页13）

1290年刘义（《秘》十，页12）

1300年唐文质（同前）

1303年支玮（同前、陕州人）

1305年张辉（《秘》十，页12）

1308年胡宣（《秘》十，页12）

1310年何镛（《秘》十，页13）

1313年武立礼

1315年周明信

1318年马公望

？年杜柏茂，大都人

？年任贤才，上海人

？年李永，字可久

？年方义，号敬斋，番阳人

？年严毅，字仁卿

1337年也先帖木儿，蛮人，字有开（以上皆《秘》十，页12）

1339年李黑厮，字廷瑞，白马人

？年邓昌寿，字士德，郓城人

？年满古台，字德谨

？年王中，字贤卿，济南人

？年洪寿山，字守谦，三韩人

？年雅班普

？年蛮子，字允中（以上皆《秘》十，页13）

以上辨验书画直长一栏，因直接与书画有关，故照录所有曾任该职之姓名，然各人在书画史上均不为人所熟知。其中唐文质是画家，亦无画迹传世，生平也不详。可注意的倒是有些“蛮人”，居然也能鉴辨书画而任此职。

至于各级月俸，则见于《秘书志》卷二，页8。从月俸之多寡，亦可略窥其职位之高低。至于秘书监职官中，有许多是极为生疏，没有生平资料的，但是也有许多在书画史上有重要地位者，兹略举如下以见秘书监人才对书画史的贡献：

焦友直——为元秘书监成立时第一任负责人。当伯颜大军南下时，是他奏请临安秘书监内经籍图书、书画等物，不教散失。对于保全南宋内府藏品、丰富元代皇室收藏有极大的贡献。

商　琦——曾任秘书卿及集贤侍讲学士等，为元代重要画家，台北故宫博物院藏有《山水卷》，极佳。

康里子山——先后曾任秘书监丞及秘书太监，奎章阁成立后为群玉内司。顺帝时群臣议罢奎章阁，赖康里一言而存设如初，改名为宣文阁，兼为元代书史上草书大家。

程钜夫——曾任秘书少监，世祖时因程氏之言而下诏，求贤于江南，赵孟頫等得以北上，对元代文化史及书画史有很大的影响。

虞　集——曾任秘书少监，与奎章阁的成立有密切的关系，曾任奎章阁侍书学士，与柯九思等相唱和，导致元内府文艺活动之巅峰。

李师鲁——曾任秘书监丞，1323年奉皇姊之命主持历史性的天庆

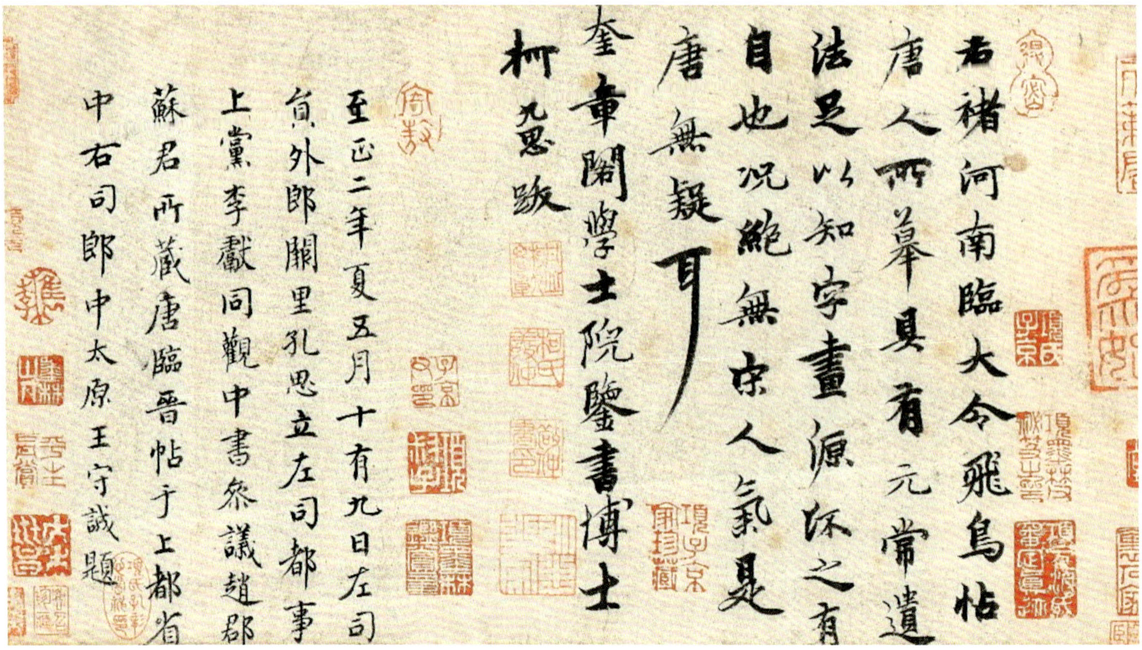

图62　元鉴书博士柯九思、王守诚跋褚遂良临王献之《飞鸟帖》　台北故宫博物院藏

王守诚于1324年任秘书监秘书郎，1329年任奎章阁艺文监艺林库使，1333年继柯九思任鉴书博士，1342年为中书右司郎。

寺雅集，为书画史上的大事。

麦文贵——曾任著作郎，宣文阁时曾谓鉴书博士。（参阅姜一涵撰《元代奎章阁和宣文阁中的七位鉴书博士》，载《中国学人》第六期）

张　谦——曾任著作佐郎，为元初重要收藏家，周密《云烟过眼录》记其藏品。

商企翁、王士点——商氏任著作佐郎，王氏为典簿，二人合撰《秘书监志》，保存有关内府书画收藏重要史料。

王守诚——曾任秘书郎，奎章阁时为艺林库使及鉴书博士。【图62】

王振鹏——1314年曾任典簿，1310年曾进《龙舟竞渡图》于仁宗，1323年奉皇姊命再作一卷进呈。王氏为元代最重要的界画家。

其他如：班惟志、韩屿、周驰、宋褫等，皆为元代一时之文学才艺之士，他们的题跋也可常见于元代书画作品上，若说秘书监中人才济济，也非过言了。

（三）秘书监书画收藏概述

今天要重建元代秘书监的收藏是不可能的事，以下只是将目前所得有关资料再加以综述，使我们有个概观而已。

根据《秘书监志》“至正二年”（1342）的记录，对其藏品来源有概略的说明：

> 本监所藏俱系金宋流传，及四方购纳，古籍名画，不为少矣。（见《年谱》）

关于南宋内府藏品并入于元秘书监收藏，可由以下两点证实：一、王恽在大都所见从杭州南宋内府北运的《书画目录序》中，虽未述及“秘书监”三字，但云：“太原张公兼领监事”，按《秘书监志》卷九即记有张易知秘书监；二、在王恽所见法书目中，有颜真卿的《乞米帖》《李太保帖》等，在二十七年后，张晏曾指实藏于秘书监：“世传颜书，凡见八本。李光颜《太保帖》《乞米帖》《顿首夫人帖》，今在秘书监”。（《故宫书画录》卷一，页20）因此，在1276年，焦友直将杭州南宋内府所得北运大都的经籍书画都可视为秘书监收藏。包括于该批内的书画总数虽不得而知，但我们知道这与原存于大都万亿库内的两批书画，为秘书监收藏书画之基干。

王恽记其所见有法书147幅，名画81幅，其细目见《秋涧先生大全集》第九十五卷《玉堂嘉话》，或《美术丛书》《艺术编》中的《王恽书画目录》，以下是整理后的简目举例，使读者略知其收藏内容：

钟　繇《议事表》

谢　安《东山帖》

王羲之《四月忱》《与谢安石评书帖》《威略帖》

王献之《洛中帖》《北问帖》《鄱阳帖》《洛神赋》二、《书陆士衡文赋》

晋王恬帖

晋王敦帖

智　永《临右军四帖》《春雨帖》《真草千文》

唐太宗　二帖

唐高宗以下诸帝墨迹手诏

唐玄宗《赐道士李涵光敕》

虞世南《临兰亭五言帖》

欧阳询　帖二

褚遂良《临黄庭》

阳冰篆《侍御帖》、篆二十六字

李北海《毒热帖》《手简》《休休帖》

史维则《篆隶韵系》《小篆体例》

李太白《醉归墨迹》《送贺八归越诗》

吴彩鸾《龙鳞楷韵》

颜真卿《与兄常山人寺书》《乞米帖》《与宗室李太保勉奉辞帖》《与卢八仓公快雪时晴帖》《与李太和状》

怀　素《草书千文》《游京帖》《论草字帖》《自叙帖》《布帘帖》《上林花发帖》《洛中帖》

高　闲《诧得韩序帖》《观张旭颠逸帖》

白居易　墨迹《六偈子》

孙过庭　墨迹《草书谱》

吴通微　行书《千文》

杨凝式《小字诗》

韩　琦《书杜少陵画鹘诗》

苏才翁《草圣少陵诗》

蔡　襄《洗玉池铭》《神奎阁碑墨迹》《上清储祥宫碑》《醉书卢仝诗》《观世音赞》

黄庭坚《继月帖》《为甥张大同书》《练湖夜雨草圣》《瘦藤草圣》《辛未人日书》《草圣赠元亮侄两首》《草书廉颇传》《书韩非子十六篇》《此君轩诗》《起草墓铭》《草圣诗三首》《书王摩诘诗》《达观台诗》《草圣六言诗》

米　芾《学右军书》《临右军快晴帖》《黄龙寺碑》书一十幅

古今画

顾恺之《青牛道士图》《书洛神赋》

阎立本《画古帝王一十四名》《阮孚蜡屐图》《老子出关图》《老子西升经》

王　维《山水团》《辋川图》《骊山图》

吴道子《护法善神》

李昭训《崆峒山图》（或为“李思训”之误）

李昭道《避暑宫图》《翠微宫图》

韩　幹《出水马》《正面马》《四马图》《三花御马》

韦　偃《群卫图》

戴　松《牛》（或“戴嵩”之误）

张　萱　界画《宫阁侍女图》《醉女图》《虢国夫人夜游图》

李　昇《水墨滕王阁图合幅》

贯　休《竹》

荆　浩《江村早行》

钟　隐《双禽图》

黄　筌《猿》《碎金图》

黄居宷《鹿》

《宋诸帝御容》，自宣祖至度宗凡十二帝

郭忠恕　界画《避暑宫》界画着色《宫阁图》《飞仙图》

易元吉《獐猿》《蓼花草虫》

崔　白《梅竹寒雀》《秋塘戏鸭》

丘庆余《花禽》

胡　瓌《马骑契丹人》

艾　宣《竹鹤》《鸡冠黄葵杜鹃花图》

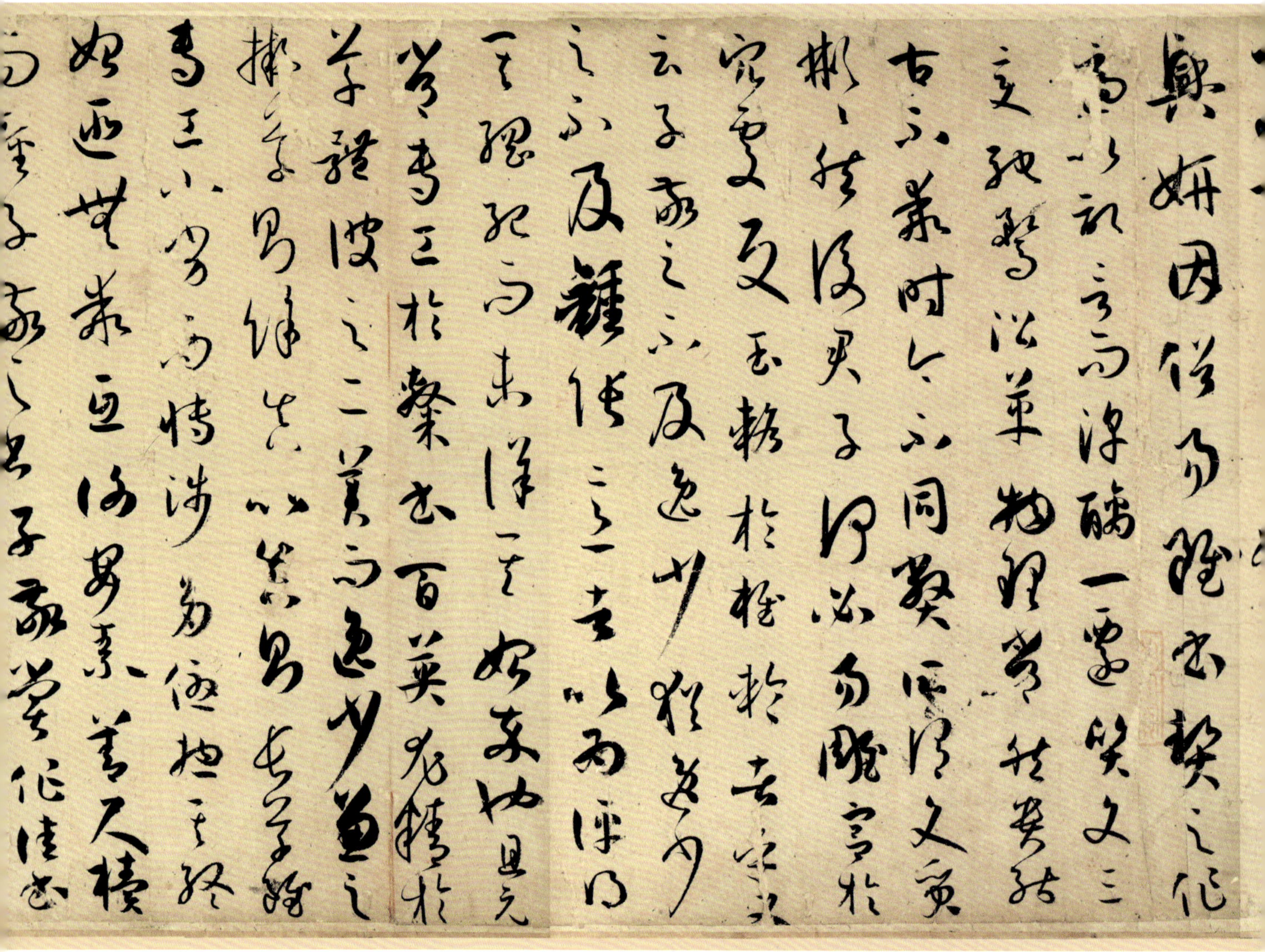

图63　唐　孙过庭《书谱》(局部)　台北故宫博物院藏。元世祖得自南宋。内府收藏于元秘书监的书画中有孙氏《草书谱》一，或即此卷。

崔　悫《江鸭》

张　戡《骒马图》

郭　熙《秋山图》

赵大年《小景》

李伯时《水墨马》《群马图》《着色马》、着色《夜游宫图》《渊明图》《莲社图》

徽　宗《临张萱宫骑图》

大体来说，其所见法书为晋唐及北宋诸大家，以颜真卿、怀素及苏、黄、米诸家为多；名画自晋顾恺之以下，以唐宋为主，而李伯时为最多。其中书画有传至今世者，皆剧迹也。略举如下：

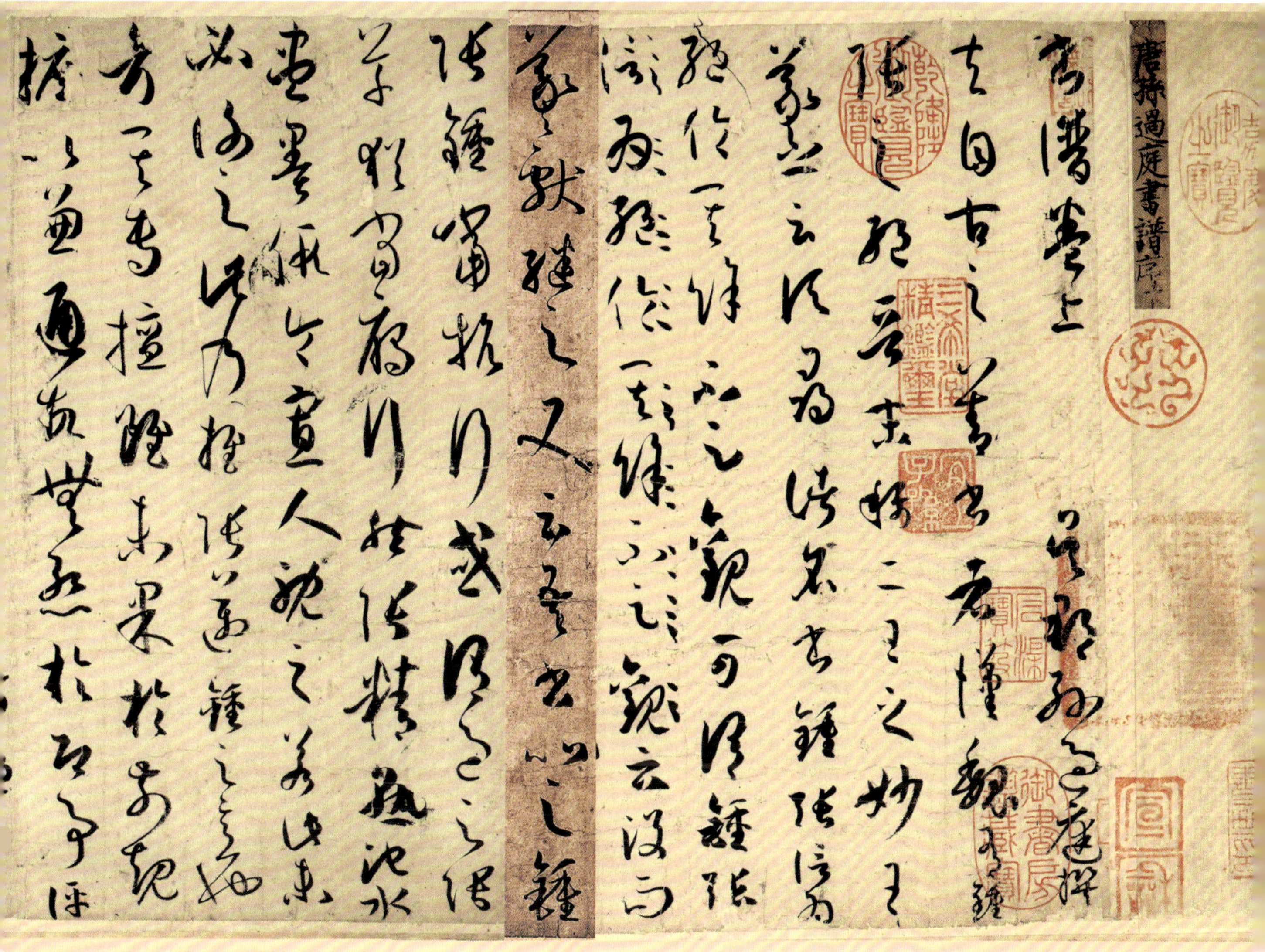

孙过庭《书谱》：今藏台北故宫博物院，此卷元明收藏史虽无确据，但为徽宗内府所藏，故极有可能由南宋内府转入元秘书监，因此无元明藏印及题跋。【图63】

怀素《自叙帖》：今藏台北故宫博物院，情形亦与孙过庭卷相似，自南宋末至明中叶收藏不明，故极可能曾为元、明内府递藏。【图64】

黄山谷《赠张大同卷》：今藏普林斯顿大学美术馆，此卷曾在南宋内府，至明中叶始复出，且此卷无别本，故确知此卷曾藏于元秘书监。【图2】

黄山谷《廉颇蔺相如传》：今藏纽约大都会艺术博物馆。王恽书

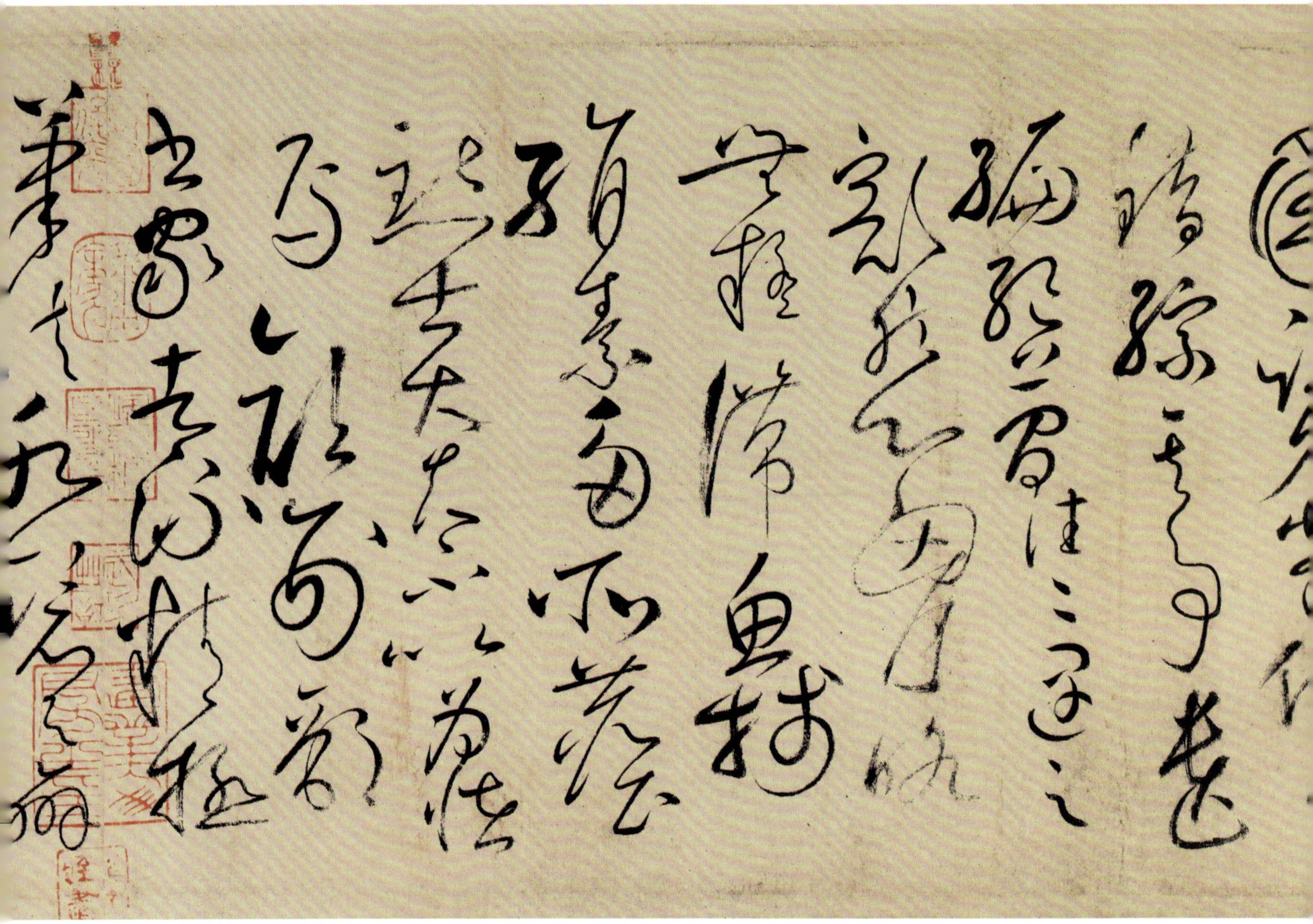

图64　唐　怀素《自叙帖》（局部）　台北故宫博物院藏。此卷自金章宗、贾似道后直至明中叶，收藏不明，王恽在元秘书监所见自叙当即此也。

画目中虽只云草书《廉颇传》，而未及《蔺相如传》，但此卷与《张大同卷》同在南宋内府，故此卷亦曾入元秘监书无疑。【图65】

顾恺之《洛神赋图》卷：传世宋以前摹顾氏《洛神赋图》有多本，其中之一可能即为王恽所见者，图版所示为美国佛利尔本。【图66】

阎立本《画古帝王一十四名》：今藏美国波士顿博物馆，惟存古帝王十三名。卷藏宋内府，有宋“中书省印”多方，据王恽所列帝王名及其描述，当即此卷。（请参阅*Unearthing China's Past*, No.116）【图67】

以上王恽所见，不仅只限于秘书监藏品中的南宋内府部分，而且也不是北运南宋内府藏品之全部。由于缺乏记载，无由可知元秘书监所藏书画的总数；但是从以下资料中，可从侧面反映出收藏数字及其他藏品内容一二：

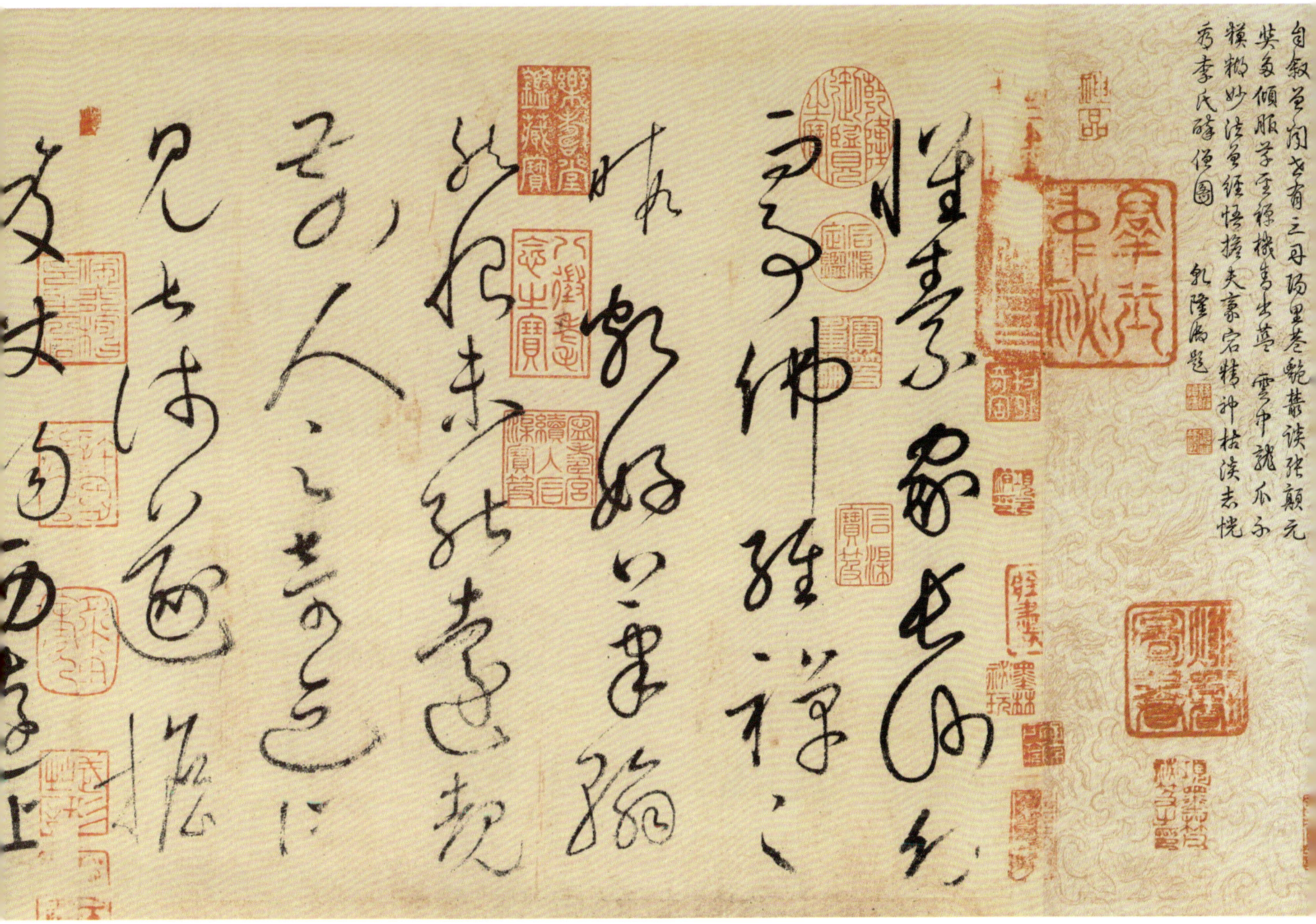

1277年，由裱褙匠焦庆安负责裱的画轴，计一千单九轴。这当然只是当时内府藏品的一部分，不是全部。（见《年谱》）

1302年，由王芝负责裱褙的有“画手卷六百四十六轴”。（见《年谱》）

1316年，秘书监奉旨裱褙赵子昂书《千字文》一十七卷，并藏于秘书监。（《秘书志》，页5）

1318年，子昂题秘府所藏王羲之《快雪时晴帖》。【图5】

1342年，秘书监将“历代图画，随时分科，品类成号”，因此对当时秘书监所藏的法帖、书画，做了一个统计，其中计有：

法帖四十二部二百一七册

法帖一部一十册

书画二千单八轴

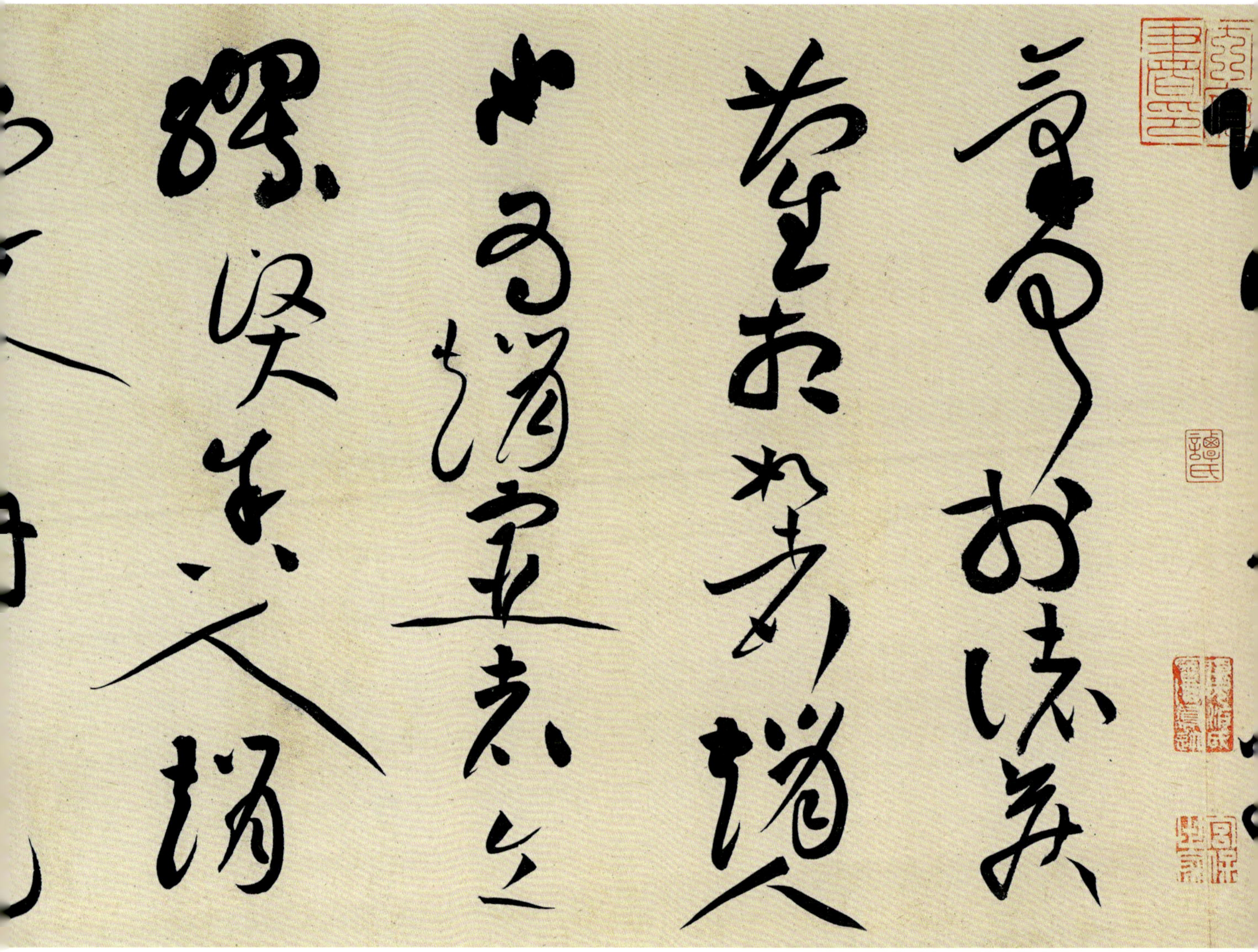

图65　宋 黄庭坚《廉颇蔺相如传》（局部）　纽约大都会艺术博物馆藏。此卷原藏宋高宗内府，元初入秘书监收藏，1278年王恽曾见于大都。

法书四百八十二轴

法书八十三轴

手卷三百九十七卷

内府取三十五卷

今在库三百六十四卷（《秘》六，页7至9）

以上是从《秘书志》原来的格式照录的，但“书画二千单八轴”与“名画一千五百五十六轴”的关系如何？是否在“书画二千单八轴”中已包括了“名画一千五百五十六轴”？抑是二者相加而为内府收藏书画的总数？又“书画二千单八轴”与其后各条的关系如何？“名画一千五百五十六轴”与其后所列各条的关系如何？笔者均不得

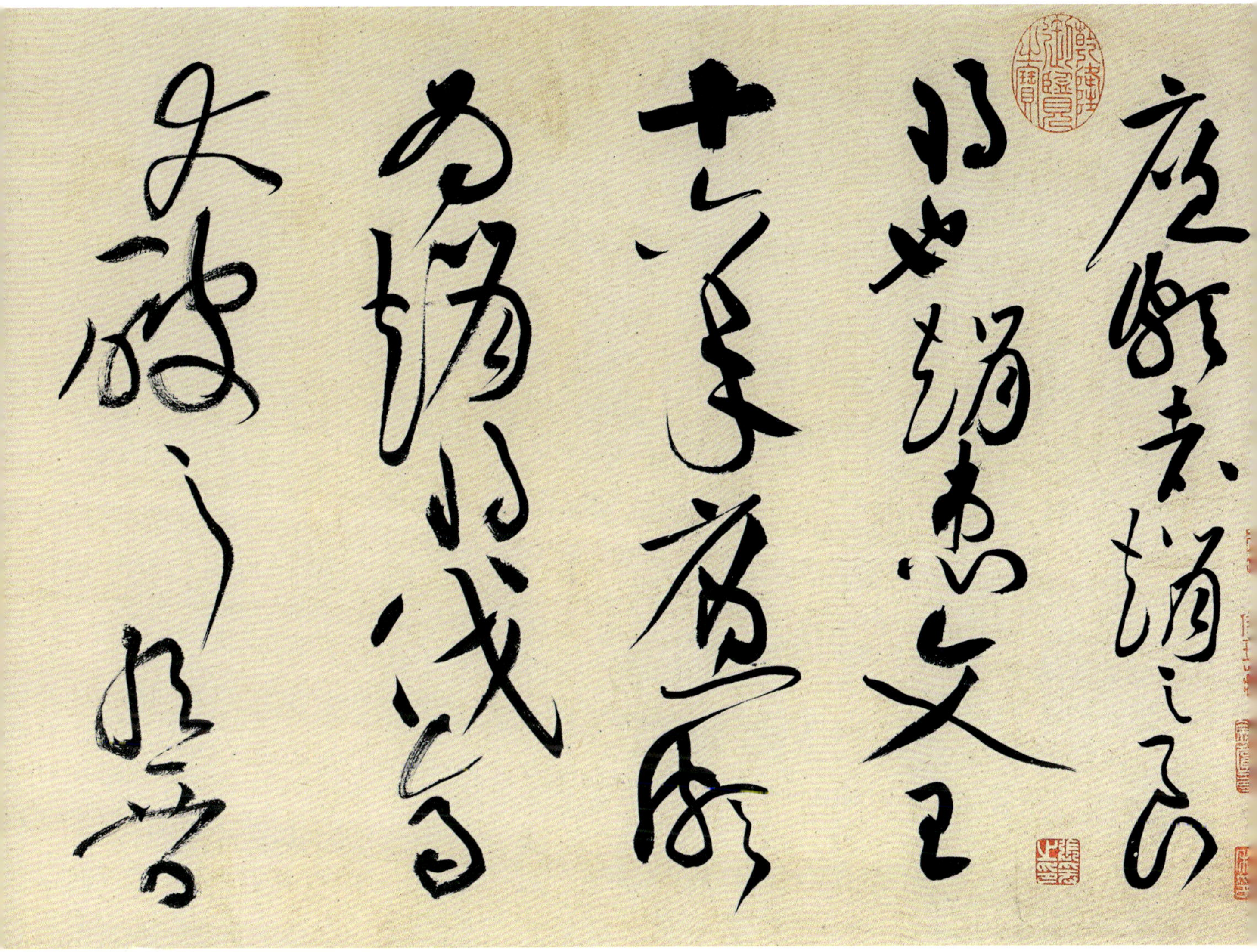

其解。或其他刊本中有不同的数字可以解此谜，志此待考。

“至正珍秘”印

在《元史》四十二卷《顺帝本纪》第五，纪（记）有至正九年（1349）六月丙子，刻小玉印，以“至正珍秘”为文，“凡秘书监所掌书画尽皆识之”。假若真如所记，当时将所有秘书监所藏的书画，都钤上此一小玉印，那么在今天一定还能重建其一小部分的收藏，可是笔者尚未见此一印章出现于任何古书画上。如当年（1276）王恽在秘书监所见，至今尚确知流传于世的作品黄庭坚《书张大同卷》，卷中也未见有此一印。所以将来纵能发现一二，其数量一定是有限的。

晋武帝司馬炎
蜀主劉備
吴主孫權

图66　晋 顾恺之《洛神赋图》（局部）　美国佛利尔美术馆藏

元世祖并南宋内府书画入元秘书监收藏，中有顾恺之《洛神赋》一卷。今传世有多本，此为其一。

图67　唐 阎立本《历代帝王图》（局部）　美国波士顿美术馆藏

元世祖得自杭州南宋内府书画，入藏于元秘书监，1276年王恽曾见于大都。

“都省书画之印”【图68】

此印偶见于宋画上，以册页小幅为多，美国克里夫兰博物馆何惠鉴先生以为可能是元末的内府收藏印（见该馆1964年2月号*Bulletin*），在那志良先生等所编《晋唐以来书画家鉴藏家款印谱》一书中也作为元官印（该书第二七七号），此外笔者尚未发现有文字资料可以指实此印为元代印。但是读《秘书志》一书，不但知道“都省”是秘书监的直属上司，而且许多秘书监的事务，都要经过都省的核准，此其一。再就印文风格来看，要晚于宋代的官印，又不似明代官印之转折方硬，也与元代相合，此其二。又凡有此印之各画，多为南宋人作品，较晚者有元初赵孟頫《赤壁赋》，因此其上限为元代初期。此印虽然也出现于明人所作的《十全报喜图轴》上（按此图藏台北故宫博物院，传为林椿所作，见《故宫名画三百种》一〇六图），但此印与其他真宋画上的“都省书画之印”相较，知道不出于同一印章，应当是伪印，故其下限当在明以前，此其三。既然都省是秘书监的顶头上司，故钤有此印的画迹，亦必与秘书监有关，至少也是元代内府的收藏。因将各画列于后：

1、刘松年《天女献花图》册，台北故宫博物院藏，见《故宫书画录》卷六，页181，为《名画集珍册》之一页，亦见《名画三百种》一一〇图。此印在左上角。【图68】

2、崔慤《杞实鹌鹑》方册，今藏台北故宫博物院（《故宫书画录》卷六，页201），为《唐宋元画集锦册》之第五幅。“都省书画之印”半印在画右上角，因绢底残破，不易辨读，故《石渠宝笈》、《故宫书画录》均未著录此印。画左下角有明官印半印。

3、萧照《秋山红树图》团扇，今藏辽宁省博物馆，见于该馆1959年出版《宋元山水画册》，及该馆藏画集、《宋人画册》等。【图69】

4、李迪《猎犬图》方册，今藏台北故宫博物院，见《宋人画册》。【图70】

5、李迪《古木竹石图》方册，波士顿美术馆藏，见该馆藏画集上集“汉至宋”七二图。[1]

6、贾师古《岩关古寺图》方册，为台北故宫博物院所藏《名绘集珍册》之一。（《故宫书画录》卷六，页208）。【图71】

7、马麟《山水》方册，今藏美国克里夫兰美术馆，为《海外遗

【1】*Chinese Painting, Han to Sung Period*, pl.72.Boston,1933.

珠册》之一页，见该馆1964年2月馆刊何惠鉴先生文。[2]【图72】

8、（传）林椿《十全报喜图轴》，藏台北故宫博物院，见《故宫名画三百种》图一〇六。“都省”印伪。

以上第2、3、4、6、7各图，均有相同之“司印”半印，或“礼部评验书画关防”等明代官印，所以很可能在元、明内府时期，是属于同一册内的，都是真宋画无疑。第一图刘松年《天女献花》亦属真迹。唯第八图立轴，相传为宋林椿作，但画笔粗辣，不是宋人画风，当属明代中期的作品，既非林椿，也非宋画，与伪“都省”印是一致的。（伪印中“之”字篆法完全不同，故极易辨别。）此外，在台北故宫博物院所藏古法书中，只有以下一件有此印：

9、赵孟頫书《前后赤壁赋册》（《故宫书画录》卷三，页三五）。按台北故宫博物院所藏子昂书《赤壁赋册》共两种，此有“都省”印者较少发表。另一为行书《赤壁赋》，前有子昂白描东坡像，影印于《故宫法书》，较为世人熟知，但无此印。【图73】

此外，在著录书画中有“都省”印的，举二例如下：

1、巨然《江山晚兴图》，见《墨缘汇观》卷四，《唐宋元宝绘高横册》第七幅。

2、冯子振《十八公赋曹知白补图卷》，见《墨缘汇观》卷三。

【2】*The Bulletin of the Cleveland Museum of Art*, Vol.51, No.2, Feb. 1964.

图68　宋　刘松年《天女献花图》册页　台北故宫博物院藏
右上角有元"都省书画之印"。

图68局部

图71　宋 贾师古《岩关古寺图》
台北故宫博物院藏
右上角有元"都省书画之印"，
并有明"司印"半印。

图72　宋 马麟《山水》册页
美国克里夫兰美术馆藏
右上角有元"都省书画之印"及明"司印"半印，
左下角有"礼部评验书画关防"半印。
知此画经元明内府所藏。

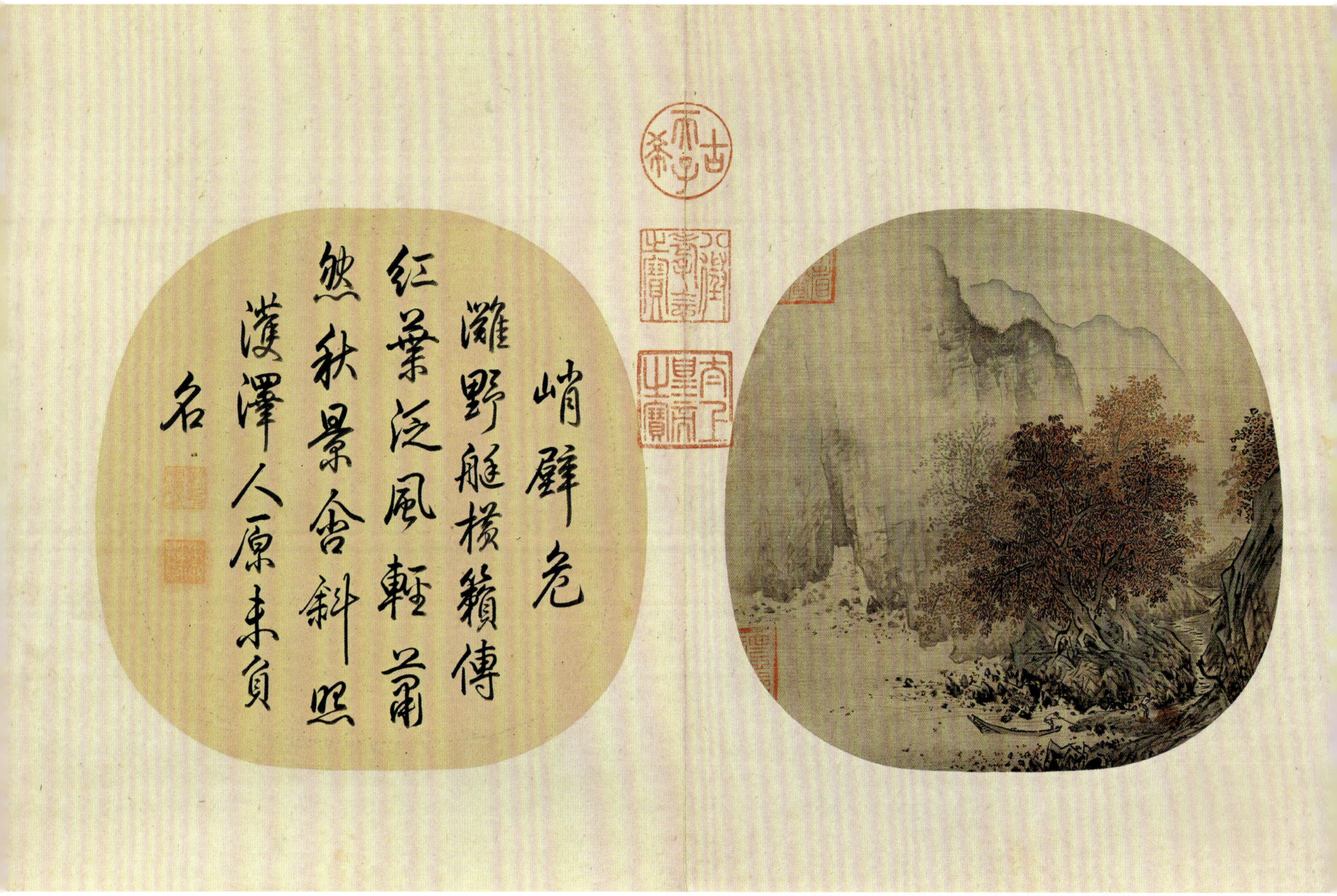

图69　宋　萧照《秋山红树》团扇　辽宁省博物馆藏
左上角有元"都省书画之印"半印，左下角有明"礼部评验书画关防"半印。

图69 局部

图70局部

图70　宋　李迪《猎犬图》　美国波士顿美术馆藏
左上角有元"都省书画之印"。

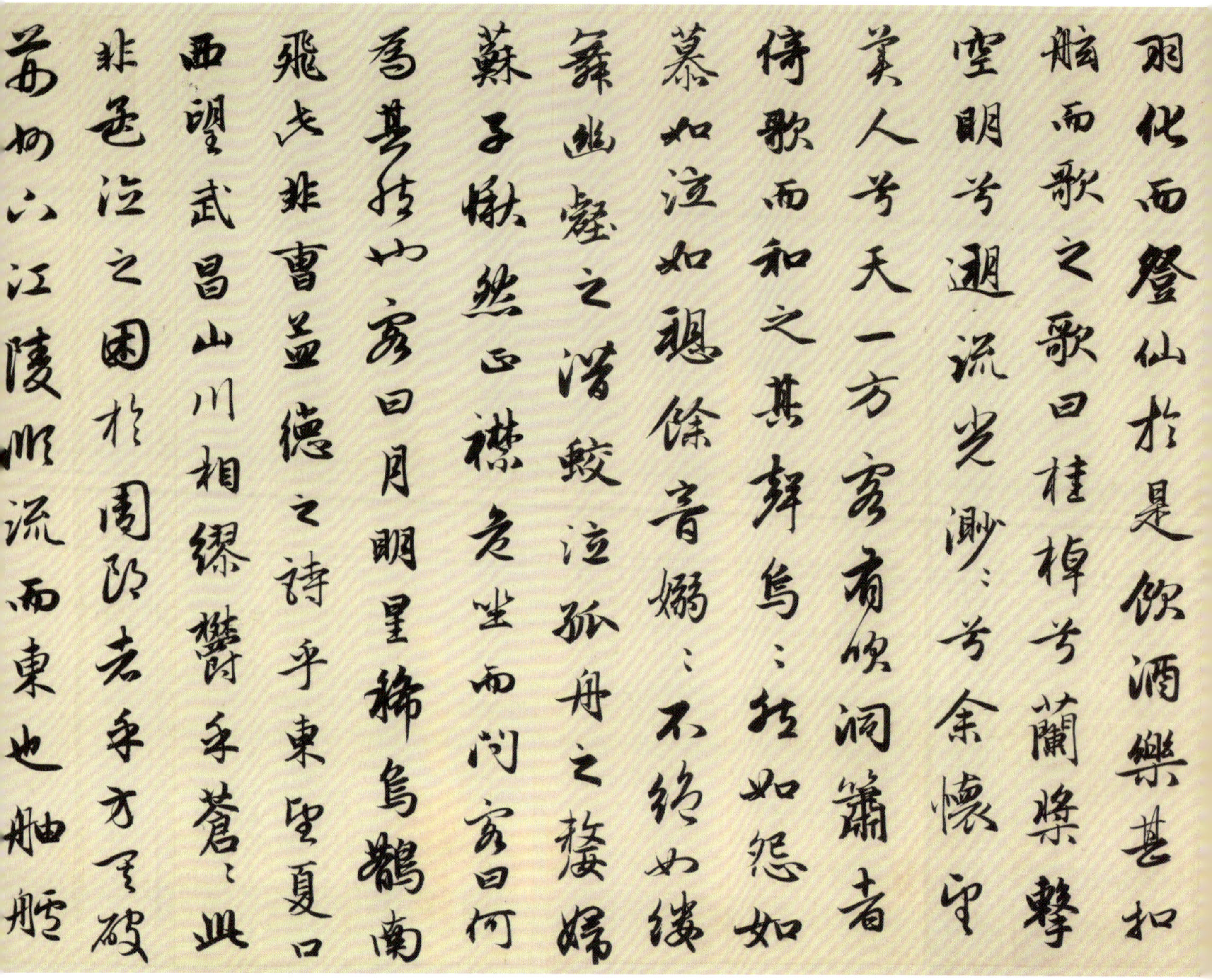

图73　元　赵孟頫《前后赤壁赋册》（局部）　台北故宫博物院藏
前有子昂白描苏轼像。

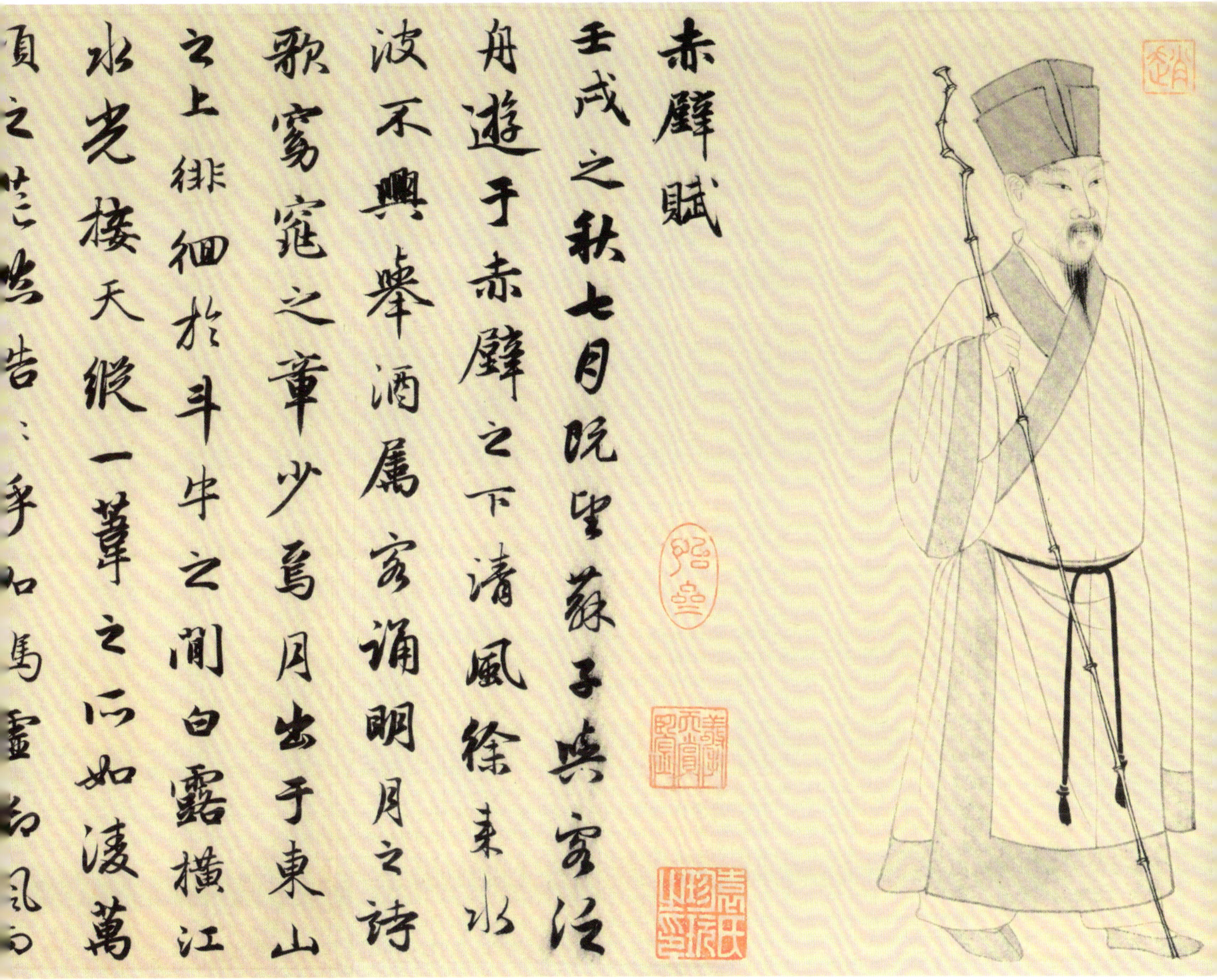
赤壁賦
壬戌之秋七月既望蘇子與客泛
舟遊于赤壁之下清風徐來水
波不興舉酒屬客誦明月之詩
歌窈窕之章少焉月出于東山
之上徘徊於斗牛之間白露横江
水光接天縱一葦之所如凌萬
頃之茫茫浩浩乎如馮虛御風而

附录一　蒙古八思巴文印

在传世的唐宋书画上，我也注意到有一些蒙古八思巴文印，其中最为人所熟知的是现存日本的梁楷作《李白行吟图轴》，上端一颗打印【图79】。在美术史学界似乎还没有人识得此印，近来洛杉矶加州大学的元史学者达维德、法夸，曾将此印考释，读作“大司徒印”，据他的研究，在元史具有“大司徒”衔的，计有：程钜夫、李邦宁、王惟贤、王善果、张九思和阿尼哥等，因阿尼哥善大字，陈援庵列于《元西域人华化考》卷五，故法夸氏以为此印属于他的可能最大[1]，但读《元史》二〇三卷《方技列传》，知其善画塑和铸金，不像是收藏书画的。个人的看法，倒是程钜夫或张九思都有可能，尤其是后者，他的儿子张金界奴曾经在文宗时进呈书画，但这也只是悬揣而已。

上述“大司徒印”虽是官印，但也可以为具有此一官衔者钤于私人藏品之上，因此本节中所述凡钤有蒙古印而不能释读者，也多有私人藏品的可能。兹将有这一类印文的书画略述于后：

1、阎立本《步辇图》卷，今藏台北故宫博物院，卷上有八思巴文印二。第一附有至治三年（1323）的跋“夏六月三日集贤僚佐同观于登瀛堂西”，第二印附有天历己巳（1329）的跋“孟秋丁丑登瀛委吏曾巽申审定谨识”。从这二跋来看，此卷当是属于天历前后的内府所藏，而此印可能与集贤院有关。【图74】

2、唐徐浩书《朱巨川告身》卷，今藏台北故宫博物院。有八思巴文印在卷首骑缝上。（《故宫法书》第六辑，页16）。【图75】

3、唐玄宗书《鹡鸰颂》卷，今藏台北故宫博物院。卷尾后隔水绢上有一“奇篆”印，可能是行书体的八思巴文印。（见《故宫法书》第六辑，页7）。【图76】

4、黄庭坚书《苦笋赋》，今藏台北故宫博物院，纸尾左上角有一“奇篆”印，与玄宗《鹡鸰颂》上者完全相同。（见《故宫法书》第十辑上，页35）。【图77】

5、黄庭坚书《李白忆旧游诗》卷，今藏日本藤井有邻馆，有一“奇篆”印在元贞乙未（1295）张铎跋后左下角（见《二玄社书迹名品》三二册，页38），此印风格与山谷《苦笋帖》上者相似，但不是同一印。【图78】

6、梁楷《李白行吟图》，今藏东京国立博物馆，上有八思巴文

【1】本文秘书监方面的资料，大多出于至正二年（1342）秘书监著作郎王士点和商企翁所编集的《秘书监志》或《秘书志》一书中，其卷页已于各条下标出，不另列于“注释”中。其所注卷页数，则均据广仓学窘丛书本《秘书监志》。其他引用资料出处，亦已见于文中，故不另列于注释。法夸氏考释元代官私印的原文见：David Farquhar, *The Official Seals and Ciphers of the Yuan Period*, Monumenta Serica (1966), pp. 362—393。

图79　宋 梁楷《李白行吟图》　日本东京国立博物馆藏

东京国立博物馆藏画轴上方，有元八思巴文巨印一，文曰："大司徒印"。

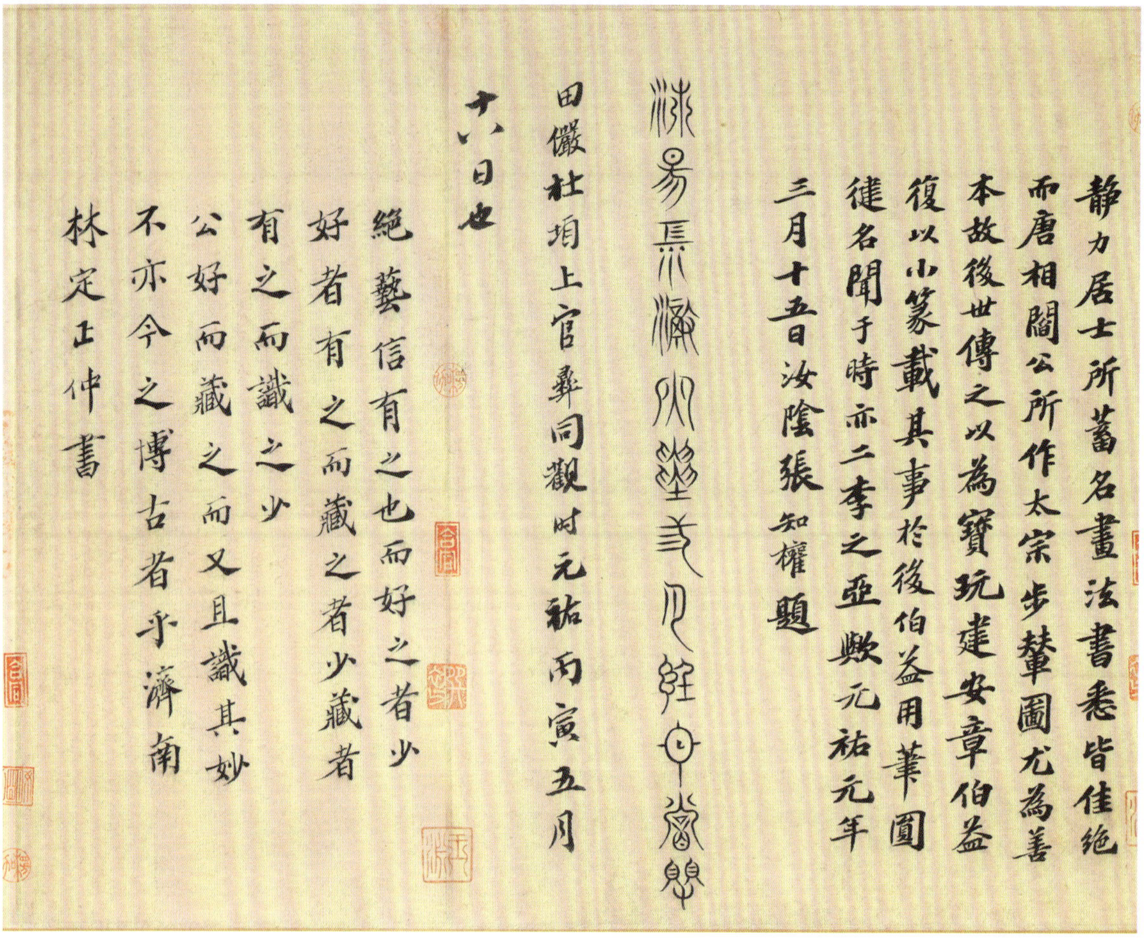

图74　宋元人跋阎立本《步辇图》　台北故宫博物院藏
至治、天历二观款，各有八思巴文印，二印或与集贤院有关。

“大司徒印”。（讨论见前）。【图79】

以上各印虽大小不等，但都算是大印。此外尚有一些印较小、文较少的印，这些大概都是私印了，简述于后：

7、王羲之《奉橘帖》，今藏台北故宫博物院，卷首骑缝上一印，见《故宫法书》第一辑，页19。【图80】

8、唐吴彩鸾书《唐韵册》，今藏台北故宫博物院，有八思巴文小印，（高2.5，宽2.3厘米，与王羲之《奉橘帖》上者为同一印。此册历经宋徽宗、高宗内府收藏，不知王恽在秘书监所见吴氏书《龙鳞楷韵》，是否即此？

9、李公麟《免胄图》卷，今藏台北故宫博物院，卷后有八思巴文一印，其后有至正丁未（1367）韩准跋，然不知其关系。（见原件）【图81】

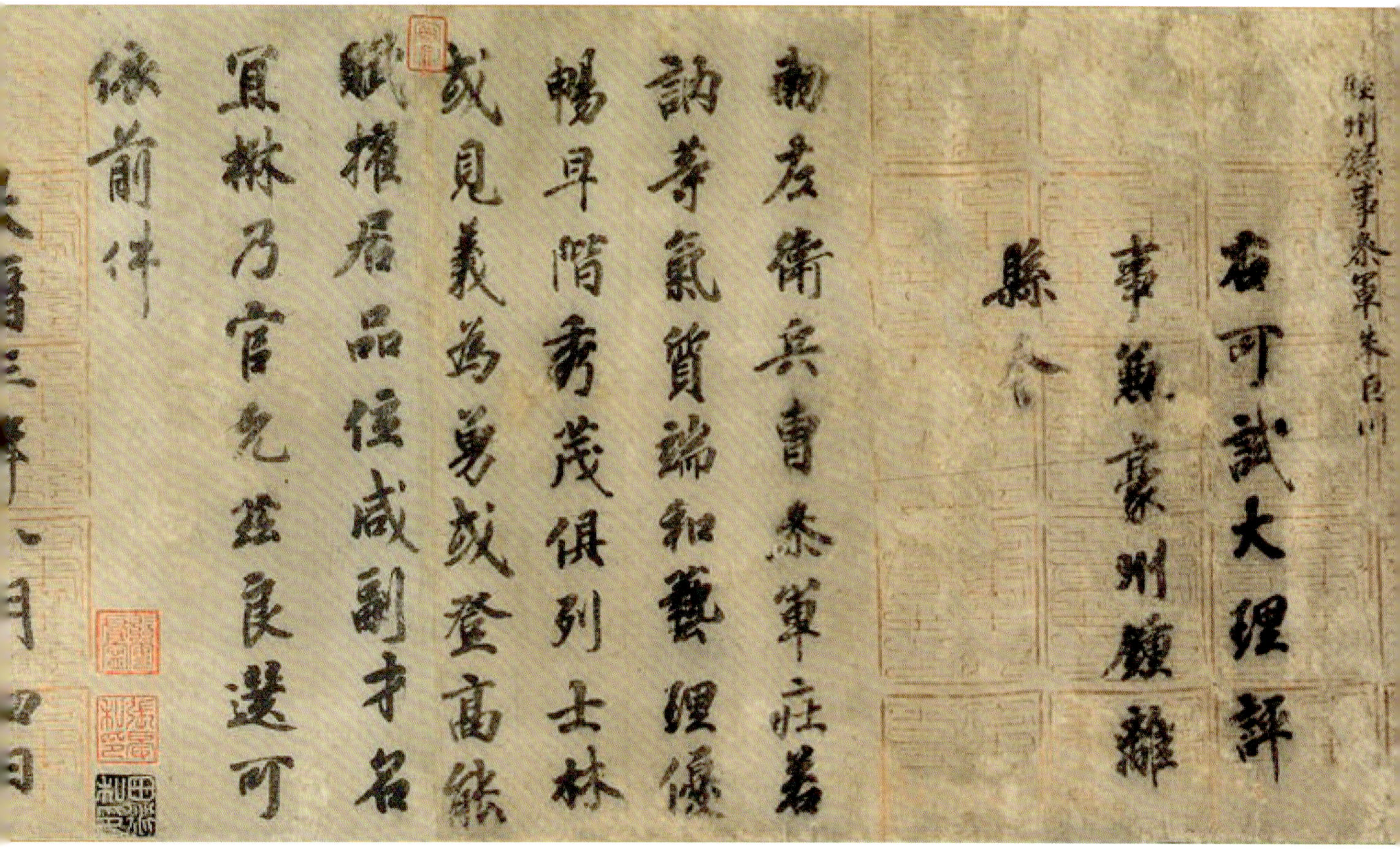

图75 唐 徐浩《朱巨川告身》（局部） 台北故宫博物院藏。卷首中央骑缝有元八思巴文大印。

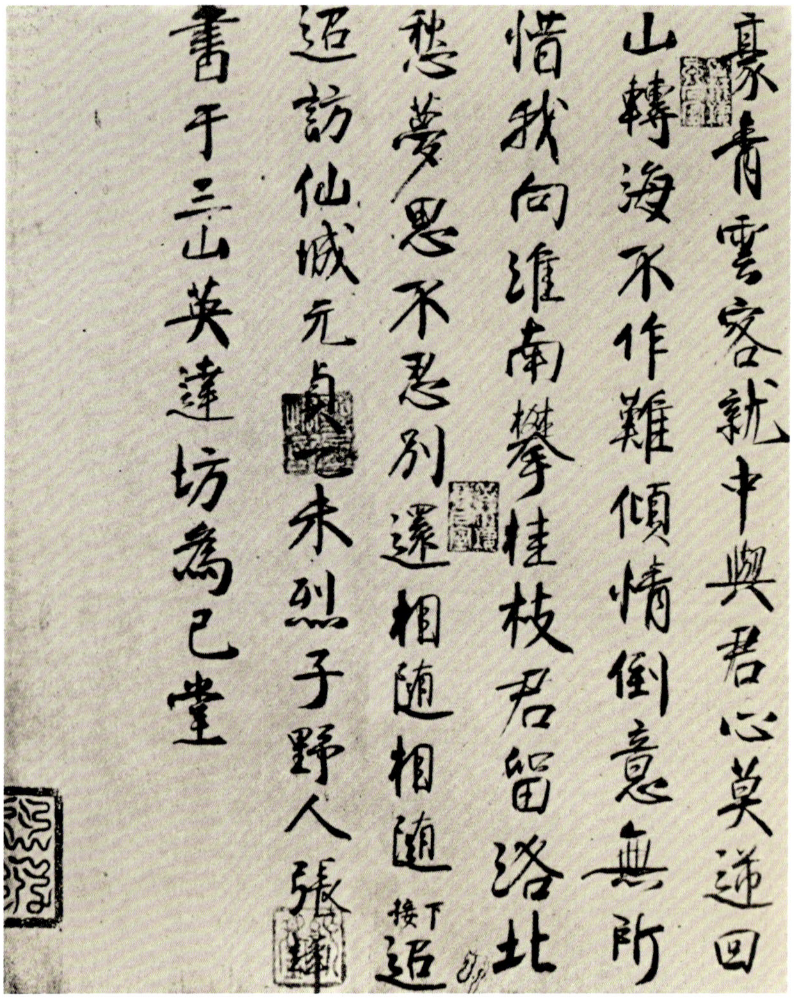

图78　宋　黄庭坚《李白忆旧游诗》卷跋　日本有邻馆藏
卷尾张铎题跋后有元八思巴文印一。

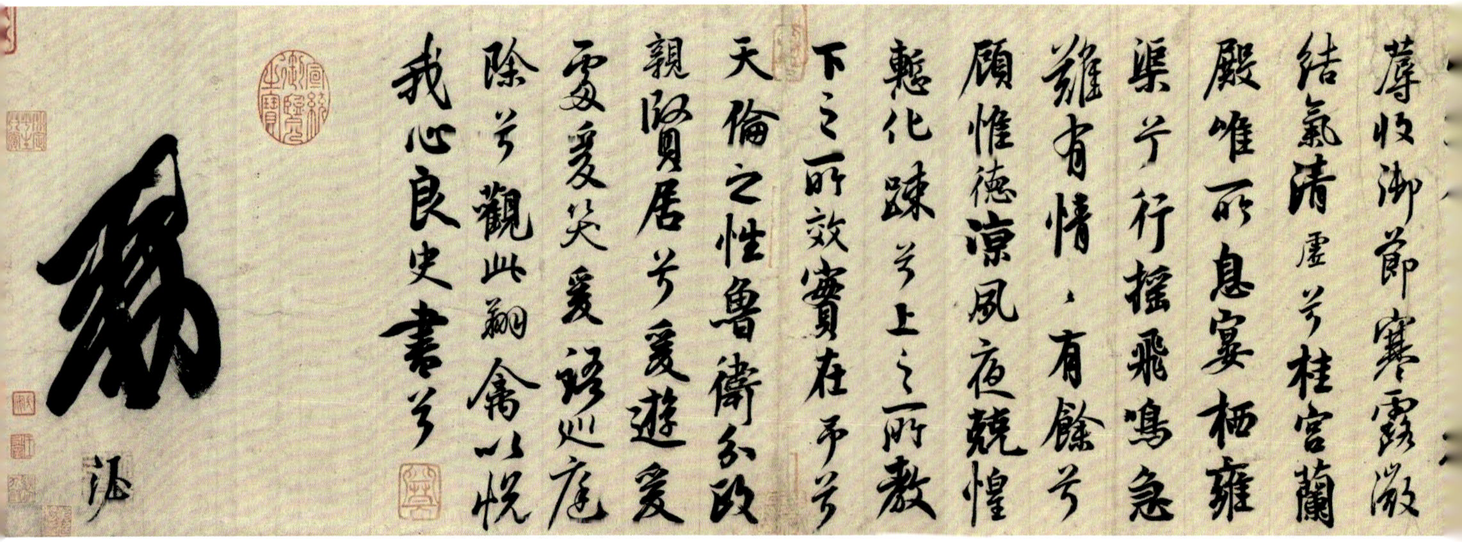

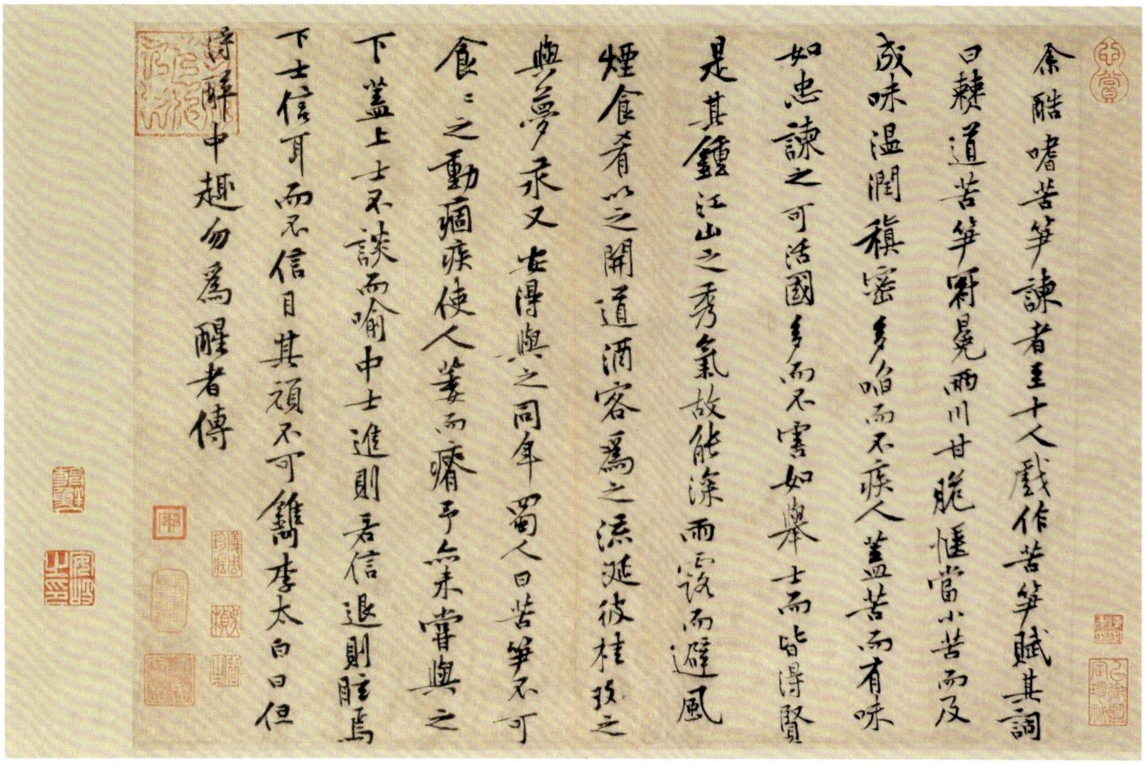

图77　宋　黄庭坚《苦笋帖》　台北故宫博物院藏
左上角有元八思巴文方印。

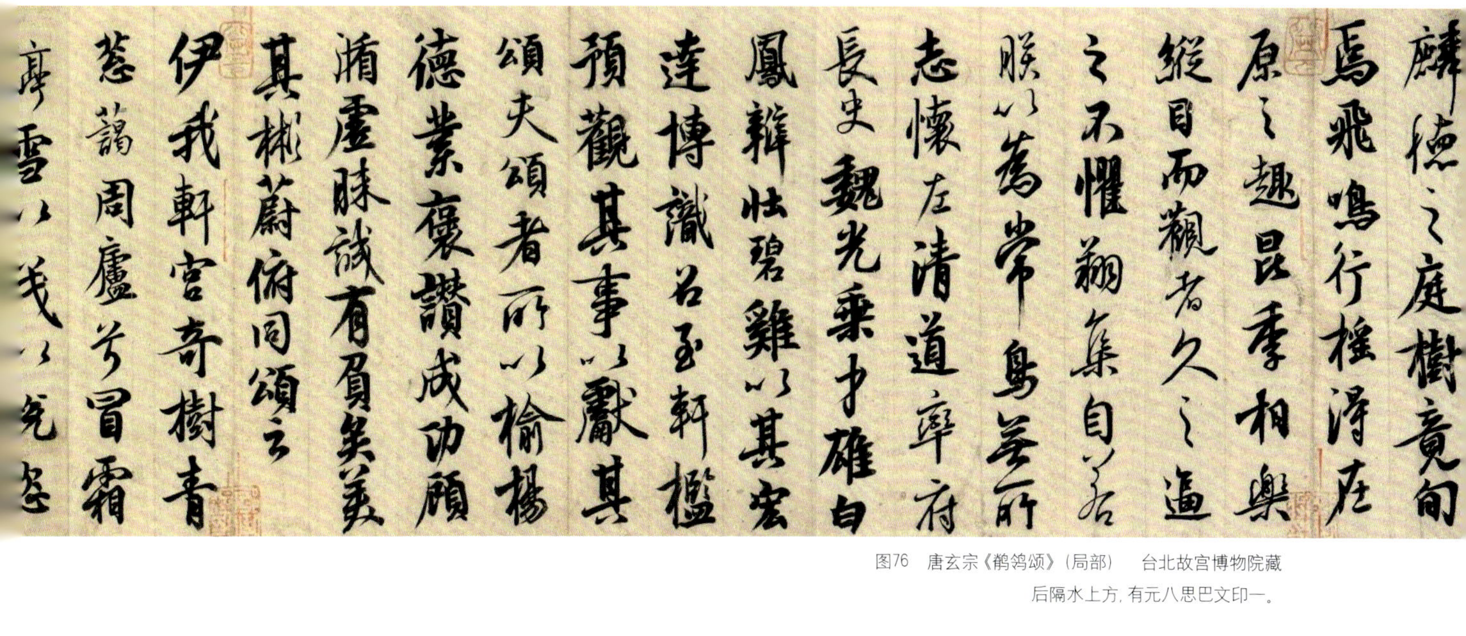

图76　唐玄宗《鹡鸰颂》（局部）　台北故宫博物院藏
后隔水上方，有元八思巴文印一。

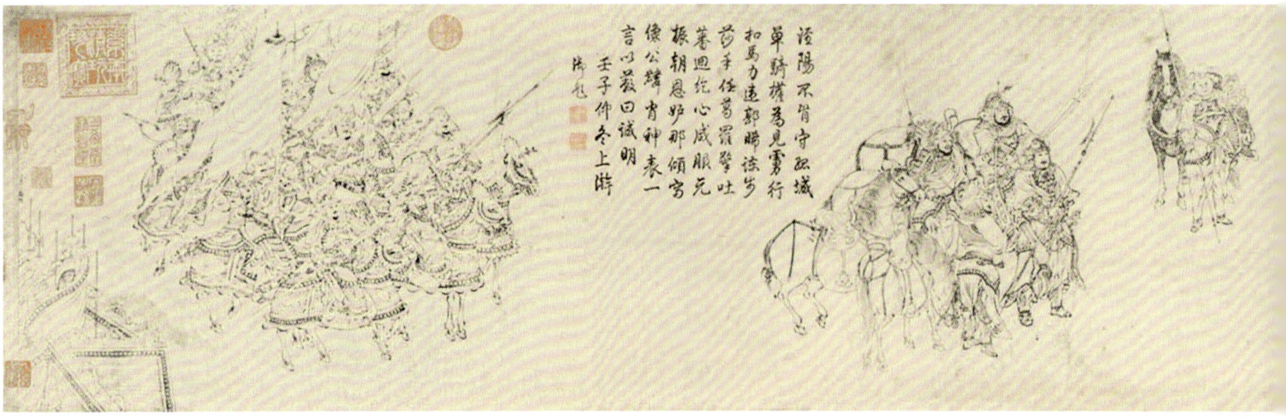

图81 宋 李公麟《免胄图》（局部） 台北故宫博物院藏
后隔水下方有八思巴文小印。

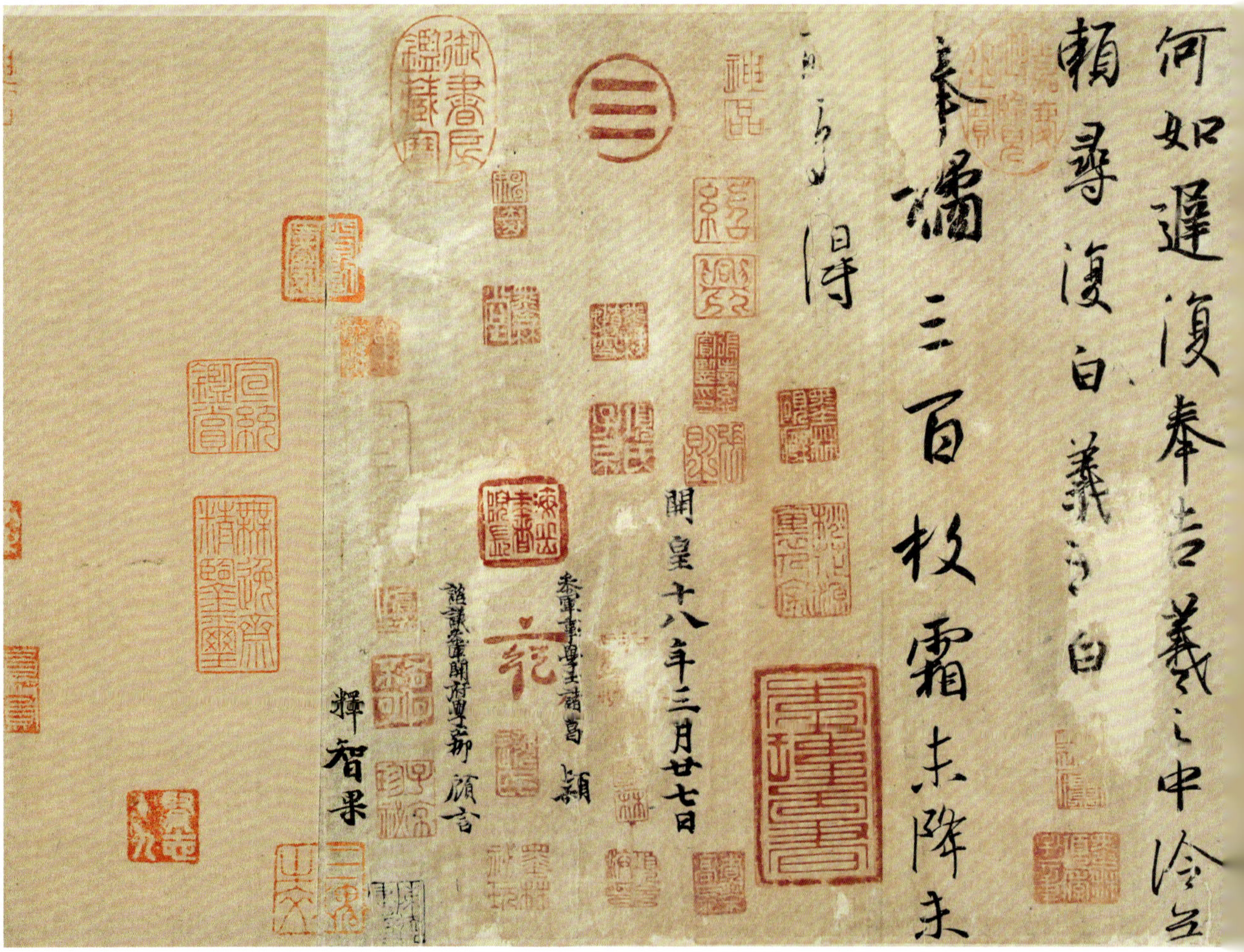

图80 晋 王羲之《奉橘帖》 台北故宫博物院藏
卷首下方有元八思巴文小印。

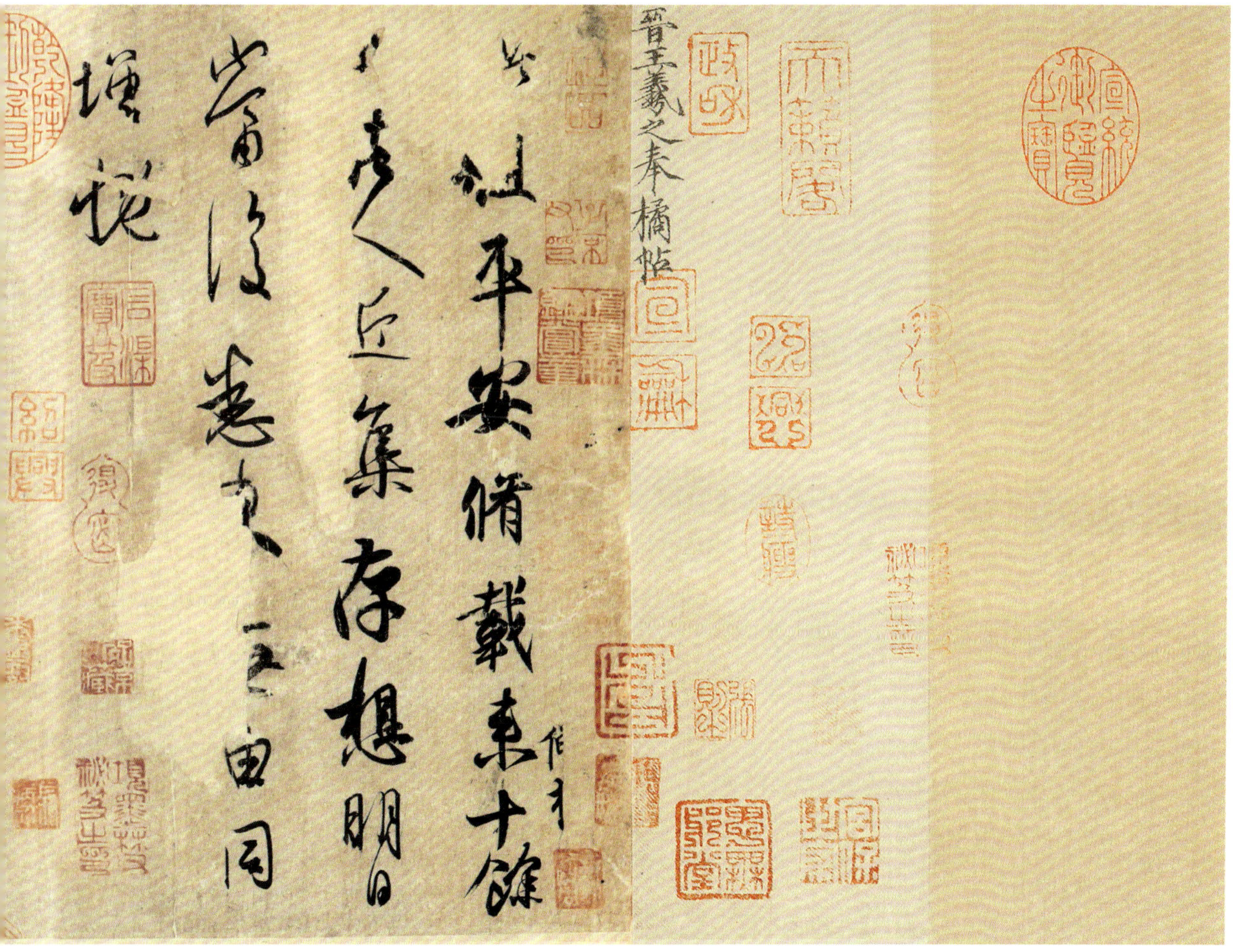
晉王羲之奉橘帖

附录二　从“司印”半印来看元内府藏品

前面曾述及一三四九年刻“至正珍秘”一印，据记载：“凡秘书监所掌书画尽皆识之”，但是很奇怪的，在不少宋、元内府流传下来的名迹上，至今还未发现此印，因此对重建元内府收藏产生了相当的困难。现在我提出以“司印”半印来看元内府的收藏，是基于以下两点前提的：

一、我们知道明初的内府收藏，是直接得自元内府的。在《明史·艺文志》中云：“明太祖定元都，大将军收图籍致之南京”。（《明史》卷九六，页221）这里所说的大将军是徐达，在《太祖本纪》中有如下的记载：“（洪武元年八月）庚午，徐达入元都，封府库图籍，守宫门，禁士卒侵暴。”（《明史》卷二，页14）在徐达本传中，更有较详的记载：“封府库籍图书宝物，令指挥张胜以兵千人守宫殿门……禁士卒毋所侵暴，吏民安居，市不易肆。”（《明史》卷一二五，页307）由此可见明军克服元都，没有遇到顽抗，也无焚掠之灾，加以有计划地封库，因此假定明初内府所藏是直接得自元内府，当不致大误。

二、按照近人的研究，“司印”半印的全文为“典礼纪察司印”，在洪武六年十一月，改典礼司为典礼纪察司，下有书画掌库（此据江兆申《故宫三张宋画》一文页16，季刊十一卷四期）。由此知“司印”的上限年代为1373年11月。至于下限年代，各家略有不同，江兆申先生说第二年十一月又复改为“纪察司”，而庄申先生说洪武十七年（1384）“典礼纪察司”改为“司礼监”（《中国画史研究续集》页24），二者虽相差十年，但与先前马衡氏的研究，都共同地肯定此印是洪武初年的官印。综合之，得“司印”年代之上下限为洪武六年（1373）至十七年（1384）。这一年限，也与1970年在山东明太祖第十个儿子鲁王朱檀墓中出土的宋人《葵花团扇》以及钱选《白莲图》卷二画上有“司印”半印的事实相合，因为朱檀在洪武十八年（1385）就藩兖州，此二画可能就是当时携去山东的，四年之后（1389）他就去世，就将此画随葬，因此“司印”的存在，不得晚于1385年（参阅刘九庵《典礼纪察司印考》，《文物》1972年八期页66，及本书《皇姊篇》）。

“司印”与元内府收藏的关系，一者是使用时间在明初，再者是使用的时机，可能是该机构正在登录当时内府藏品。关于这一点，马衡的意见略有不同，他认为在洪武十三年（1380），胡惟庸等伏诛，故认为“钤有此项半印之书画，皆由查抄而来”，而江、庄二家的说法比较一致。庄申：“钤有‘司印’的书画，俱为明室御藏。明代得国甚速，元帝仓卒北遁，不及携宫中宝藏，所以明初御苑所有，可说尽为元室旧藏。”（同上引书，页27）江兆申则说得更明白：“在极短暂时期当中，大批钤盖掌管书画的典礼纪察‘司印’，很可能只有一个理由，就是在那一段时期，正在点收元故宫的书画。因此幅上有“司印”半印存在的第二解释，就是这幅画极可能接收自元内府。”笔者对此极为同意，特别是他只说“极可能”，而没有说“一定是”。因为据马衡氏的资料中，钤有“司印”的最晚的画幅，包括了元末的唐棣和马琬，在目前的资料中，他们两人的画被收入元内府的可能性比较小；而且当洪武初年，在江南亦必有所得，以上二画很可能得自江南；然则钤有“司印”的唐宋名迹，也不能必其为元内府旧藏了。不过有“司印”而同时有元内府过皇姊收藏印的也不少，因此，在庄申所集的一百二十幅中，可以断代为元以前而钤有“司印”的书画中，除了有元内府印的作品之外，应还有不少是原为元代内府的藏品（参见《中国画史研究续集》，页34至46）。兹将有“司印”而同时有元皇室印者列于下：

关　仝	关山行旅图轴	天历之宝	司印	台北故宫博物院	图见《元文宗篇》
巨　然	萧翼赚兰亭轴	宣文阁宝	司印	台北故宫博物院	图见《宣文阁篇》
巨　然	溪山林薮轴	宣文阁宝	司印	台北故宫博物院	同前
赵　幹	江行初雪卷	天历之宝	司印	台北故宫博物院	图见《元文宗篇》
苏　轼	寒食帖	天历之宝	司印	王世杰	同前
宋徽宗	祥龙石图卷	天历之宝	司印	大风堂	
梁师闵	芦汀密雪卷	皇姊图书	司印	台北故宫博物院	
宋　人	梅竹聚禽轴	天历之宝 奎章阁宝	司印	台北故宫博物院	图见《元文宗篇》
王振鹏	龙池竞渡卷（临本）	皇姊图书 皇姊珍玩	司印	台北故宫博物院	图见《皇姊篇》
李　迪	雋犬图册	都省书画之印	司印	台北故宫博物院	图见《秘书监篇》
贾师古	岩关古寺册	都省书画之印	司印	台北故宫博物院	同前
马　麟	山水册	都省书画之印	司印	克里夫兰	同前

附录三　高丽内府藏品与元内府的关系

在上篇皇姊大长公主研究一文之后，附有“皇姊藏品的来源”一节，略述蒙古公主与高丽诸王通婚的史实，以及宝塔失怜公主远嫁高丽王祺（后改名为颛）的时候，有“什物器用，简册书画”等物，舡载浮海的事，可见在当时流传在高丽的中国古代书画作品中，至少有一部分原来是元内府的藏品。

蒙古诸公主与高丽王通婚，除了上述的宝塔失怜公主之外，尚有：忽都鲁揭里迷失、齐国大长公主、德甯公主等（皆见《元史》卷二〇八及《新元史》卷一四六《高丽传》），在她们的陪嫁妆奁之中，也可能像宝塔失怜公主一样，是有书画作品的。

可惜这些随蒙古公主陪嫁高丽的书画，并没有留下记录；而高丽时代的内府收藏，似乎也没有目录可查。倒是在朝鲜时代，世宗（1419—1450年在位）的第三子安平大君李瑢（字清之，号琅轩居士，斋名匪懈堂，生卒年为1418—1453），由于喜爱中国画，经过十余年的穷探广搜，其所得数百轴，却为同时代的文人申叔舟（1417—1475）记入了《匪懈堂画记》一文中（载《宝闲斋集》）。安平大君既是世宗之子，此一收藏自然也包括了高丽时代内府藏品的一部分，也就是说其中应当有元代内府的藏品，或随公主陪嫁，或是朝贡时的赐品。由于此一画目，非国人所熟知，录其部分如下：

顾恺之《刻本水石图》

吴道子《画佛》二，上有苏东坡题赞

王　维《山水图》一

郭忠恕《雪霁江行图》一，上有宋徽宗御笔；《高阁临江图》一

李公麟《甯戚长歌图》，上有徽宗题

苏东坡《风竹》《雪竹》《春竹》各一

文　同《风竹图》一、《笋竹图》四

郭　熙《山水图》二、《夏景晴岚图》一、《水石图》一、《风雨图》一、《江雪图》一、《载鹤图》一、《古木平远图》一、《水图》一、《平沙落雁图》一、《江天暮雪图》一、《林亭图》　、《急雨图》一、《斗牛图》二

崔　悫《秋荷野鸭图》一

马　远《长松第舍图》一、《溪居灌盆图》一

赵孟頫《墨竹》二

谢　元《海棠折枝图》一

颜　辉《山中看书图》一、《幽林采药图》一、《画佛》三

张彦甫《溪山雨过图》一、《绝岸图》一、《长林卷云图》一、《水墨云山图》一、《倪中有诗松石图》一、《揭傒斯有诗图》五

罗稚川《雪山图》一

雪窻（窗）《任风转蕙图》二、《悬崖双清图》一

王　冕《墨梅图》五

此外尚有许多画家名字比较生疏的如：王公俨、陈义甫、刘伯熙、李弼、刘道权、顾迎乡、张子华、周朗、宋敏、叶衡等的作品，不一一列举了。其中有许多元代画家，特别是元代的如王冕等，应当是在元末明初才传入高丽，不一定原属元代内府的，但南宋以前的作品，即使不是真迹，却有可能是元代内府藏品。（以上资料由学生韩国女研究生金红男提供，见高裕燮著《韩国美术史及美学论考》页71，李东洲《韩国绘画史》页53。）

图版目录

校后记

该书为笔者20世纪70年代执教耶鲁大学时，以四期分寄台北故宫博物院《故宫季刊》合印本。

承上海书画出版社王立翔社长之美意，将此20世纪80年代之初版加以再版。今惟就记忆所及作此后记，略书如后。主要是当年读穆棣兄大文时只记得他曾驳斥本人在某伪虞集题画（似为伪郭畀雪竹卷）后之一印“宣文阁鉴书画博士”。而记得虞氏实为“鉴书博士”，并不是“鉴书画博士”。因此好像说这是“子虚乌有”之事。因为穆棣兄似乎在元史中找到了此官职，并说明之，认为我不对。对此本人于此作一回应如下：

一、对穆棣兄之学识及巨细靡遗之考据实心扶之。

二、本人尤对其以八年时间完成之《韭花帖考》一书尤为推崇，常向学生推荐。

三、本人当时以鉴别虞集之伪跋及伪印所发出“子虚乌有”之评，当时实不知元人中实有“鉴书画博士”一职知他人，此乃余不察及不学之过。

四、但对虞集而言，这是事实，本人并无误，不知穆兄以为虞氏有此官职否？

五、穆棣兄对虞氏之后他人有此官职者，余亦不记为何人，请田洪再三查找亦不得，故就记忆所及略书如上。

六、另外，原以为三本《韭花帖》中，本人认为唯罗振玉本为真。因鉴别时每人均有主观看法，穆棣兄很可能以无锡本为真，而罗本为伪，不知是否如此？

七、又记得穆兄大文中似认为《韭花帖》真迹中，并无款识，如果真的是这样，那我就认为是穆棣兄之误，记此伏笔，以为后论。

八十二傅翁力疾记戊戌初夏

图书在版编目(CIP)数据

元代皇室书画收藏史略/傅申著.--上海:上海书画出版社，2018.5
(傅申中国书画鉴定论著全编)
ISBN 978-7-5479-1579-0
Ⅰ. ①元… Ⅱ. ①傅… Ⅲ. ①皇室-书画艺术-收藏-历史-中国-元代 Ⅳ. ①G262.1-092
中国版本图书馆CIP数据核字(2017)第175209号

本书系上海市文化基金会图书出版资助项目

元代皇室书画收藏史略

傅申　著

责任编辑	王　剑　张雨婷
审　　读	陈家红
责任校对	倪　凡
封面设计	王　峥
技术编辑	包赛明
出版发行	上海世纪出版集团 上海书画出版社
地址	上海市延安西路593号　200050
网址	www.ewen.co www.shshuhua.com
E-mail	shcpph@163.com
制版	上海文高文化发展有限公司
印刷	上海中华商务联合印刷有限公司
经销	各地新华书店
开本	889×1194　1/16
印张	11
版次	2018年5月第1版　2018年5月第1次印刷
书号	**ISBN 978-7-5479-1579-0**
定价	**88.00元**

若有印刷、装订质量问题，请与承印厂联系